듀이의 경험이론과 교육인식론

박천환 저

학지사

저자 서문

듀이는 교육학을 공부한 사람치고 모르는 사람이 없다고 할 정도로 우리에게 잘 알려져 있는 인물이다. 뿐만 아니라 그가 우리에게 남겨 준 방대한 저작과 심오한 사상은 듀이가 활동했던 당시부터 작고한 지금까지 수많은 사람에 의해 끊임없이 해석되고 설명되어 오고 있다. 그러나 그의 방대한 저작 속에 녹아 있는 심오한 사상은 어느 한 학자가 지적한 바와 같이 아무리 퍼내어도 결코 마르지 않는 샘과 같다. 특히, 그의 철학과 교육사상의 진수라고 할 수 있는 경험이론은 각종 학회지에 실린 소논문을 제외하더라도 동서양을 가로질러 이루 헤아릴 수 없을 정도로 많은 석사학위 논문과 박사학위 논문을 엮어 내고 있다.

듀이의 이론에 관한 이와 같은 방대한 연구가 그것을 주제로 삼아 논문을 쓰겠다고 마음먹는 사람들에게 주눅이 들게 할 것이라는 짐작을 어렵지 않게 할 수 있다. 더욱이 기존의 그 방대한 연구와는 차별되는 참신한 생각을 보여 주어야 하는 것이 논문을 쓰는 사람에게 주어진 과업인 것을 보면, 그들이 기존의 방대한 연구물에서 느끼는 중압감은 실지로 상상을 초월한다고 말해야 할 것이다. 단지 그들에게 위안이 될 만한 것이 있다면, 그것은 듀이의 이론에 담겨 있는 심오한 생각이 그들에게 무한한 개척의 가능성을 열어 놓고 있다는 사실이다. 듀이의 이론에 관한 기존의 연구는 그 심오한 생각이 열어 놓은 가능성의 일단을 드러낸 것에 지나지 않는다는 것이다. 그러나 이와 같이 논리적 수준에서의 위안이 본 저자에게 심리적으로 그다지 큰 위안은 되지 않는다. 도리어 본 저자에게는 그러한 위안이 두려움으로 엄습하는 것을 느낀다. 적어도 본인이 느끼기에 지금의 이 글이 서문으로 들어갈 책의 전신인 본인의 박사학위 논문은 바로 그 위안과 두려움이 교차하는 가운데 완성된 것이다.

그러나 박사학위 논문이 준 그러한 부정적인 느낌은 그 느낌을 기술하는 용어의 분위기와는 정반대로 본인에게는 학문적 생애에서 무엇과도 바꿀 수 없는 소중한 경험이었다. 사실상 본인에게 주어진 그러한 은총은 본인의 지도교수였던 영남대학교의 박철홍 교수님을 위시하여, 본인이 회장으로서의 소임을 수행하는 동안에 이루어진 한국도덕교육학회의 회원님들과의 만남 등 수많은 석학과의 인연에 뿌리를 두고 있다. 결코 적지 않은 기간 동안 듀이의 이론을 온전하게 드러내는 데에 헌신해 온 박철홍 교수님은 본인에게 듀이의 이론이 교과교육의 목적을 설명하는 데에 한 가지 결정적인 단서를 제공한다는 사실을 일깨워 주었으며, 한국도덕교육학회의 여러 열정적인 회원님들은 '교육인식론'과 '성리학'이 듀이의 이론에 근거하여 교과교육의 목적을 설명하는 데에 개념적 도구로 활용될 수 있다는 사실을 몸소 보여 주었다. "교과교육의 목적으로서의 해득: 듀이의 경험에 대한 교육인식론적 관점" 이라는 제목의 박사학위 논문은 전적으로 그들의 노력에 의하여 세상의 빛을 보게 되었으며, 본인은 그 과정에서 그들의 피나는 노력의 산물을 이리저리 안배 · 포치하는 것으로 충분하였다.

본인이 그 안배 · 포치의 과정에서 배운 것이 있다면, 듀이의 경험이론은 '교변작용'을 핵심적인 원리로 삼고 있으며, 교육인식론과 그것을 성리학의 관점에서 드러내고 있는 '격물치지론'은 교변작용을 해석하는 개념적 도구가 된다는 사실이다. 듀이가 염두에 두고 있었던 것으로 생각되는 교변작용이라는 것은 경험의 두 측면으로서의 주체와 대상이 교섭하는 과정에서 질적 변화를 도모한다는 생각을 핵심으로 삼고 있으며, 그의 이론체계 내에서 교과교육은 양자가 그러한 질적 변화를 도모하는 활동의 전형적인 사례로 지목되고 있다. 성리학의 인식론을 대표하는 격물치지론은 듀이의 경험이론을 그러한 교변작용에 초점을 두고 조망하도록 하는 개념적 도구가 되며, 교변작용에 초점을 두고 해석되는 듀이의 경험이론은 성리학의 격물치지론을 교과교육의 관점에서 재조명하도록 하는 이론적 근거를 제공한다. 듀이의 경험이론과 성리학의 격물치지론이 교과교육을 바라보는 이러한 새로운 관점은 '교육인식론'으로 알려져 있다. 요컨대, 이들 양자는 교육인식론적 관점에서 서로 보충한다고 말할 수 있다.

독자들의 눈에는 듀이의 경험이론에 등장하는 여러 가지 중요한 개념을 이와 같이 학습자와 교과의 교변작용에 수렴시킨 것이 그다지 쉽게 접할 수 없는 시도로 보일지 모른다. 그러나 본인이 그것을 박사학위 논문으로 만들고 그것을 다시 책으로 출판하겠다고 마음먹은 것은 독자들에게 새로운 아이디어를 제공하겠다는 대승적인 견지에서 이루어진 것이라기보다 오로지 본인의 모자람을 채우고 앞으로의 공부의 출발점으로 삼겠다는 소승적인 입장에서 이루어졌다. 본인은 박사학위 논문을 쓰는 사람이라면 누구든지 겪는 바와 같이 혼신의 힘을 기울여 박사학위 논문을 썼다. 그것은 마치 그동안의 공부를 한꺼번에 압축하여 한순간에 폭발시키는 시도와 같았다. 그런데 그 폭발음은 천지를 진동시키기는커녕 불발탄이나 다름없었다. 본인은 그 순간에 육체를 이루는 세포 하나하나가 자신의 위치에 수치심을 느끼면서 몸 밖으로 떠나가는 듯한 느낌을 강하게 받았던 것으로 기억한다. 본인이 박사학위 논문을 다시 책으로 출판하겠다고 마음먹은 것은 오직 그러한 수치심을 다시 한 번 가슴 깊이 새기고, 남은 학문적 생애 동안에 그것을 조금이라고 완화하겠다는 소박한 의도에 힘입었다.

하나님이 본인에게 내린 은총이 있다면, 그것은 본인의 어리석음을 만회할 기회를 만들어 주었다는 것이다. 본인이 받은 이 기회가 직접적으로 본인의 지도교수인 박철홍 교수님과 한국도덕교육학회의 여러 회원과의 만남에 의하여 성사되었다는 점을 감안하면, 그들은 필경 하나님이 본인에게 보내 준 사자가 아닌가 하는 생각을 해 본다. 하나님의 계시를 전달해 준 그들에게 이 자리를 빌어 처음으로 감사의 말씀을 올린다. 본인에게 그들의 메시지를 처음부터 온전하게 받아들일 수 있는 능력과 노력이 있었다면, 이 책은 아마 지금보다 훨씬 더 아름답고 풍부하게 꾸며졌을 것이라고 믿어 의심치 않는다. 이 책에 등장하는 유치하고 설익은 생각은 오직 본인의 무지의 소치다. 독자들은 그것을 오직 저자의 몫으로 돌려주기 바란다. 끝으로 본인의 졸고를 처음부터 끝까지 읽고 교정의 수고를 아끼지 않은 박채형 교수와 안효일 선생, 그리고 출판을 기꺼이 허락해 주신 학지사 김진환 사장님께 감사의 말씀을 올린다.

부산교대와 동래중앙교회를 오가면서

2012년 봄

차 례

제1장

들어가면서

1. 문제제기

학교교육을 어떤 방식으로 설명한다 하더라도, 결국 학교에서는 교과라는 것을 가르치며, 따라서 학교교육의 관심사는 교과를 잘 가르치는 것이라 해도 틀리지 않다. 그러나 학교에서 가르치는 교과는 시대와 장소에 따라 다양한 형태를 띠며, 그것을 잘 가르친다는 것 또한 다양한 의미를 가지게 된다. 예컨대, 서양에서는 문법, 수사학, 논리학, 대수, 기하, 음악, 천문학 등 소위 7자유과로 지칭되는 교과가 고대부터 중세에 이르기까지 교과의 핵심을 이루고 있었다. 반면에 우리나라를 비롯한 동양의 경우에는 사서오경으로 대표되는 경전을 주된 교과로 삼고 있었다. 그러나 현대로 접어들면서 동서양을 막론하고 그러한 고전적 교과는 점차 과학 위주의 실용적 교과로 대치되는 경향으로 나타나고 있다. 시대와 장소에 따라 다르게 나타나는 다양한 형태의 교과는 또한 다양한 방법으로 가르치는 경향이 있다. 예컨대, 고대 서양의 경우에 대화법이나 논변 등이 교과를 가르치는 방법으로 널리 활용된 것과는 달리, 동양에서는 암기와 반복 위주의 방법이 활용되었던 것으로 알려져 있다. 그리고 오늘날에는 동서양을 막론하고 설명을 비롯하여 발견이나 탐구 등이 중요한 교육 방법으로 활용되고 있다.

언뜻 보면, 시대와 장소에 따라 다양한 형태의 교과를 다양한 방법으로 가르쳐 왔다는 사실은 교과교육의 목적이 시대와 사회의 변화에 따라 다양하게 파악될 수 있다는 점을 시사하는 것처럼 보일 수 있다. 아닌 게 아니라 오늘날 '교과교육의 목적은 학습자로 하여금 장차의 생활에서 직면하는 문제 사태를 효과적으로 해결하도록 하는 데에 있다.'든지, '교과교육은 국가나 사회가 요구하는 유능한 인재를 육성하는 데에 그 목적이 있다.'는 식의 사고방식은 널리 호응을 얻고 있다. 그런 만큼 '교과교육의 목적은 전인을 기르는 데에 있다.'든지, '교과교육은 학습자로 하여금 인격의 완성이나 자아의 실현을 도모하도록 하는 데에 그 목적이 있다.'는 식의 전통적인 견해는 수세적 입장에 몰려 있다. 그럼에도 부인할 수 없는 사실은 교육의 목적이 다양하게 파악되고 설명되고 있다는 것이다. 교과교육의 목적은 그것에 관하여 언급하는 사람의 수만큼 다양하다고 해도 과언이 아니다. 그런데 '교육의 목적이 무엇인가?' 하는 질문이 심각하게 제기되는 것을 보면, 교과교육의 목적이 다양하게 파악될 수 있다는 이러한 현재적 입장을 취하는 사람들이 교육의 목적을 몰라서 곤란을 겪는 경우는 결코 없을 것이다. 만약 그들에게 곤란한 것이 있다면, 그것은 이미 주어져 있는 여러 가지 목적 중에서 어느 것을 선택해야 하는가 뿐이다. 그들이 느끼는 이러한 심리적 곤란을 제외하면, 교과교육의 목적이 다양하게 파악될 수 있다는 입장은 오늘날 교과교육이 직면하고 있는 획일성에서 벗어나 다양성을 도모하는 한 가지 방법으로 생각될 수도 있다. 그런 만큼 그것은 교과교육에 주어진 은총으로 간주될 수도 있다.

그러나 교과교육의 목적에 대한 그러한 입장은 플라톤의 대화편 "메논"에 나타난 덕에 관한 메논의 입장과 그것에 대한 소크라테스의 야유조의 반응을 연상시킨다. 그 대화편에서 메논은 덕의 의미를 말해 달라는 소크라테스의 요청에 대하여 다음과 같이 반응한다.

> 남자의 덕을 말하자면, 그것은 국가의 일을 유능하게 처리하여 친구를 도와주고, 적을 해치면서도 자신은 해를 입지 않는 것입니다. 여자의 덕을 말하자면, 그것도 간단합니다. 여자의 덕은 훌륭한 주부가 되는 것, 즉 집안의 살림을 알뜰하게 하고 남편에게 복종하는 것입니다. 또한 남자아이, 여자아이, 노인에게도 각각 나름의 덕이 있습니다. 그리고 자유인과 노예에게도 따로 덕이 있습니다. 그 밖에도 수많은 종류의 덕이 있어서, 덕이 무엇인지 몰라 곤란을 느낄 사람은 아무도 없습니다(Menon, 71e–72a).

메논의 관심은 사람에 따라 혹은 사태에 따라 다양하게 나타나는 덕의 여러 가지 양상에 있으며, 그는 덕의 그러한 여러 가지 양상 이외에 '덕의 의미' 또는 '덕 그 자체'가 있다고 생각하지 않는다. 소크라테스는 메논의 그러한 말에 대하여 "자네 이야기를 들어 보니나는 참으로 운이 좋다는 생각이 드네. 나는 하나의 덕을 찾고 있었는데, 자네 덕분에 한 보따리나 되는 덕을 찾게 되었으니 말일세."라고 야유조의 반응을 보인다(Menon, 72a-72b). 메논은 이후의 대화에서 자신이 소크라테스가 추구하는 '하나의 덕'에 대하여 알지 못하고 있다는 점을 시인한다.

메논이 제시하는 덕의 여러 가지 양상이 앞서 지적된 다양한 교과교육의 목적에 해당하는가에 대해서는 의문의 여지가 있지만, 그 의문에 대한 대답의 여부는 다음의 논의에 전혀 영향을 미치지 않는다. 오히려 교과교육의 목적에 관한 다음의 논의에 직접적으로 영향을 미치는 것은 메논과 소크라테스가 덕을 어떤 방식으로 파악하는가 하는 것이다. 단도직입적으로 말하면, 메논과 소크라테스가 덕을 파악하는 방식은 교과교육의 목적에 접근하는 두 가지 상이한 방식을 시사한다.

사실상 덕을 그것의 다양한 양상으로 파악하는 메논의 입장은 형태상 교과교육의 목적을 그것에 관한 다양한 규정으로 파악하는 현대적 입장과 정확하게 일치한다. 즉, 교과교육의 목적이 다양하게 파악될 수 있다는 입장을 취하는 사람들은 그들이 의도한 것은 아니라 하더라도, 덕에 관한 메논의 입장과 마찬가지로 교과교육의 목적을 그것의 양상에 국한시키는 것이나 다름없다. 그러나 소크라테스는 메논과는 달리 사람이나 사태에 따라 다양하게 나타나는 덕의 양상 이외에 그 모든 덕의 양상을 모두 포괄하는 '하나의 덕'—덕의 의미 또는 덕 그 자체—이 있을 수 있다는 입장을 취하며, 메논 또한 소크라테스의 그러한 입장에 최종적으로 수긍한다. 덕에 관한 그러한 소크라테스의 입장은 교과교육의 목적에도 그대로 적용될 수 있다. 즉, 덕에 관한 소크라테스의 입장은 교과교육에도 다양한 양상으로서의 목적 이외에 그 모든 목적을 한꺼번에 포괄하는 '단 하나의' 궁극적인 목적이 있을 수 있다는 점을 시사한다.

양상화된 목적을 교과교육의 목적으로 파악하는 사람들에게는 그와 같이 모든 양상화된 목적을 포괄하는 단 하나의 목적이 구체적으로 어떤 것인가 하는 것은 차치하고라도, 그런 목적이 도대체 있을 수 있다는 것 자체부터 쉽게 납득되지 않을지 모른다. 그러나 교과교육이 교과를 대상으로 할 수밖에 없다는 지극히 평범한 사실에 조금만 관심을 기울인다면, 터무니없는 것처럼 보이는 그러한 견해는 거의 즉각적으로 하등 이상할 것이 없는 것으로 다가온다. 교육이 교과를 가르치고 배우는 활동일 수밖에 없는 한, 교과교육은 그것이 어떤 형태를 띠든지 간에 학습자로 하여금 그 속에서 전달되는 교과를 제대로 이해하도록 이끌기 위하여 마련된 활동 이외에 다른 것일 수 없다. 교과교육의 근본적인 목적은 이 점에서 학습자로 하여금 교과를 잘 이해하도록 이끄는 데에 있는 것으로 파악될 수 있다.

그런데 교과교육의 목적을 규정하는 개념으로서의 '이해'는 그것이 나타내는 포괄적인 의미에도 불구하고, 다소간 한정된 의미를 담고 있는 것으로 간주되는 경향이 있다. 이해라는 개념에 관한 이러한 경향은 블룸과 그의 동료들에 의하여 체계화된 "교육목표 분류학"을 통해서 어렵지 않게 확인할 수 있다. 교육목표 분류학에는 교육목표가 크게 지적 영역, 정의적 영역 그리고 심동적 영역으로 분류되어 있다. 그리고 그들은 지적 영역의 목표를 다시 지식, 이해력, 적용력, 분석력, 종합력, 평가력 등 여섯 가지 영역으로 분류하고 있다. 그리고 이들 여섯 가지의 영역은 하나의 위계적인 체계를 이루고 있는 것으로 설명되어 있다.

지적 영역에 대한 그들의 이러한 분류는 그 속에 포함된 여러 가지 능력이 별도의 실체로 존재하며, 그중에서 이해력은 지적 능력 중에서 가장 낮은 단계의 능력으로 설명되고 있다. 교육목표 분류학에 의하면, 이해력은 지식이나 정보에 관한 언어적 기술을 그대로 기억해 두었다가 적절한 상황에서 재생하는 수준의 능력으로밖에 취급되지 않고 있다. 즉, 이해력은 적용력, 분석력, 종합력, 평가력보다는 낮은 수준의 지적 능력으로 분류되고 있는 것이다. 그러나 이해력이 분석하고 종합하는 능력 등과는 별개의 실체로 존재하는 능력인가와 그것이 그런 능력들보다 하위의 능력인가 하는 점에는 의문의 여지가 있다. 사실상 블룸과 그의 동료들은 그들의 의도가 교육목표를 분류하는 데에 있었음에도 불구하고, 이해력에서 평가력에 이르는 항목을 지식과 구분하여 다시 지적 기능으로 묶고 있을 뿐만 아니라, 지적 기능 사이에 엄격한 경계가 있는 것은 아니라는 점을 지적하고 있다(Bloom et al., 1956: 75, 162). 그럼에도 불구하고 그들은 이해력을 종합하거나 평가하는 능력보다 하위의 능력으로 분류하고 있으며, 그 결과 우리는 이해력을 낮은 수준의 능력으로 평가하고 있다.

또한 앞에서도 지적한 바와 같이 그들은 교육목표를 지적 능력과 정의적 영역 등으로 분류함으로써 지적 영역의 능력인 이해와 정의적 영역의 능력과의 관련을 전적으로 부정하고 있다. 애당초 그들은 교육의 결과로 획득되는 능력을 지적 영역과 정의적 영역으로 구분함으로써 그것 역시 별도의 실체를 가진 능력으로 생각하게 하였다.

그러나 그들도 지적하고 있는 지적 영역 사이에 엄격한 경계가 있는 것이 아니라는 점은 지적 영역과 정의적 영역의 관계에도 그대로 적용될 수 있다. 그들은 표면상 지적 영역과는 별도로 정의적 영역이 존재한다고 주장하고 있지만, 그러한 두 영역의 구분은 지적 영역이 여러 가지 능력으로 분석되는 것과 마찬가지로 교과교육의 결과로 획득되는 능력을 분석한 결과에 지나지 않는 것으로 파악될 가능성이 없지 않다. 만일 이 가능성을 정당한 것으로 받아들일 수 있다면, 교과교육의 결과로 획득되는 능력은 지적 영역과 정의적 영역 등 일체의 영역을 포괄하는 개념으로 파악될 수 있다.

교육의 결과로 교과에 대한 이해를 획득한다고 말할 때 그 '이해'라는 용어가 지니는 이러한 특성을 감안하면, 교과교육을 통해서 획득되는 일체의 인간 능력을 포괄할 수 있는 개념으로는 일반적인 용어인 '이해'가 아닌 다른 것으로 규정할 필요가 있는 것으로 생각된다. 이 책에서 '이해'라는 일반적인 용어에 대한 대안으로서 '해득(解得)'이라는 용어를 사용하는 것은 이러한 생각에서 비롯된 것이다.

물론 교과교육이 지향하는 근본적인 목적을 이와 같이 '해득'이라는 용어로 규정한다고 해서 그것을 통해서 학습자가 도달하게 되는 궁극적인 경지가 분명하게 드러나는 것은 아니다. 교과교육의 목적을 해득이라는 개념으로 규정하는 것 자체가 어느 편인가 하면, 그 개념이 가리키는 이상적인 경지로부터 우리의 눈을 가려 버린다. 해득이라는 개념은 이 점에서 그것으로 규정되는 교과교육의 궁극적인 목적이 어떤 것인가에 관한 이론적 해명의 출발점이 된다고 말하는 편이 옳다. 그리하여 이 책에서의 일차적인 목적은 교과교육으로서의 목적인 해득이 어떤 경지를 뜻하는지 설명하고자 하는 것이며, 나아가 그런 경지에 이르는 것이 어떻게 가능한지를 논의하려는 것이다.

2. 연구의 내용

최근 들어 새롭게 대두되고 있는 '교육인식론'이라는 탐구 분야가 표방하는 아이디어는 교과를 배운 상태로서 해득이 원칙상 어떤 방식으로 규정되어야 하는가를 보여 준다. 교육인식론에 따르면, 교과교육의 목적은 교과를 배우는 과정을 분석함으로써 파악될 수 있으며, 그 과정과 무관하게 규정된 지식의 성격은 임의적인 것 또는 우연적인 것일 수밖에 없다(유한구, 1998: 7, 20). 교육인식론이 표방하는 이러한 관점은 교과교육의 목적이 교과를 배우는 과정을 가능한 한 치밀하게 드러내는 것 외에는 그것이 어떤 경지인가를 온전하게 드러내는 별도의 방법이 있을 수 없다는 점을 보여 준다. 도식적으로 말하면, 교육인식론적 관점에 의하여 중요하게 부각되는 교과를 배우는 과정은 학습자의 마음과 그것의 바깥에 있는 교과 사이에 일어나는 교섭 과정으로 파악될 수 있다. 그런 만큼 교과교육의 목적으로서의 해득이 정확하게 어떤 경지를 가리키는가를 드러내기 위해서는 마음과 교과의 교섭 과정을 설명하는 이론에 의존할 수밖에 없다.

듀이의 경험이론은 이하에서 드러날 바와 같이 그러한 교섭 과정을 주체와 대상의 '교변작용'(transaction)으로 일반화하여 설명하는 대표적인 이론으로 알려져 있다. 본 연구에서 듀이의 경험이론에 의존하여 교과교육이 지향하는 근본적인 목적으로서의 해득이 어떤 성격의 것인가를 드러내려고 하는 이유가 바로 여기에 있다. 듀이의 경험이론은 주체와 대상의 교변작용을 설명하는 이론으로 요약될 수 있다(EKV: 576).[1] 흔히 교변작용이라는 말은 따로 떨어져서 별도의 시공간을 차지하고 있는 주체와 대상이 먼저 있고, 이들 양자가 만나서 서로 영향을 주고받는다는 장면을 떠올리게 한다. 그러나 적어도 듀이의 이론체계 내에서의 교변작용은 이러한 일반적인 생각을 용납하지 않는다. 주지하는 바와 같이, 듀이는 인간과 자연, 주체와 대상, 마음과 세계 등이 각각 따로 떨어져서 별도의 시공간을 차지하고 있는 실체라는 전통 철학의 관점을 이원론으로 규정하고, 그것을 극복하는 것을 자신의 학문적 생애의 과업으로 삼았다(박철홍, 1993: 304). 그의 경험이론은 바로 이 과업의 결정판이라고 말할 수 있으며, 이 점에서 양자의 분리를 상정하는 교변작용에 관한 상식적인 생각은 결코 듀이의 생각에 부합되는 것일 수 없다.

듀이에 따르면, 인간은 주체와 대상의 교변작용 속에서 태어나 그러한 교변작용에 의하여 살아가는 것은 그들에게 주어진 숙명에 해당한다(AE: 13). 다시 말하면, 듀이의 이론체계 내에서 실지로 있는 것은 교변작용이며, 주체와 대상은 이들 양자의 교변작용으로부터 추상해 낸 결과일 뿐이다(박철홍, 1993: 301). 그러므로 듀이의 이론체계 내에서 주체라는 것은 오직 대상과 끊임없이 영향을 주고받는 존

1) 듀이의 논문과 저술은 약칭으로 표시한다. 이 책에서 사용되는 약칭은 참고문헌에 제시한 듀이의 각 논문과 저술의 말미에 표시되어 있다.

재일 수밖에 없으며, 대상 또한 동일한 방식으로 파악되어야 한다. 이 점에서 듀이가 상정하는 교변작용은 주체가 대상에 대하여 '하는 것'과 주체가 대상으로부터 '당하는 것'의 결합으로 파악될 수 있다 (AE: 43-44; DE: 139-140). 즉, 모든 경험은 주체와 대상의 교변작용 속에 들어 있는 능동적인 요소와 수동적인 요소가 특이한 방식으로 결합된 구조를 나타낸다.

그러므로 능동적인 요소와 수동적인 요소의 결합으로 이루어진 교변작용은 우리의 삶 속에서 끊임없이 일어나며, 그러한 끊임없는 교변작용에 의하여 경험은 계속적으로 재구성된다. 듀이가 내세우는 성장은 다름 아닌 이러한 경험의 끊임없는 재구성을 가리킨다. 요컨대, 듀이의 경험이론은 교변작용이라는 용어로 기술되는 주체와 대상 사이의 순환 과정이 시간의 진행 방향으로 끊임없이 나아감으로써 그 자체의 '성장'을 도모하는 과정을 설명하는 이론이라고 말할 수 있다.

"철학은 교육을 일반적인 수준에서 설명하는 이론이다(DE: 328)." 라는 말이 시사하는 바와 같이, 듀이는 자신의 그러한 경험이론을 구축하는 동안에 교과를 배우는 과정을 염두에 두고 있었던 것으로 짐작된다. 이 점에서 교과교육은 그의 경험이론이 의미 있게 구축되는 데에 요청되는 제도적 장치라 해도 틀림없다. 그러므로 학습자가 교과를 배우는 일이 경험이론의 연장선상에서 파악되는 것은 하등 이상할 것이 없다. 보다 적극적으로 말하면, 그의 경험이론이 나타내는 주체와 대상의 끊임없는 교변작용은 학습자의 마음과 그것의 바깥에 있는 교과의 끊임없는 교변작용에 의하여 구체성을 띤다. 교육은 경험을 계속적으로 재구성하는 활동이요, 교육의 목적은 성장에 있다는 듀이의 말은 이러한 맥락에서 해석될 수 있다(DE: 53, 76, EE: 93-119).

듀이의 교과교육이론이 자신의 경험이론과 긴밀하게 관련되어 있다는 사실은 앞서 지적한 본 연구의 과제를 완수하기 위하여 그의 교과교육이론 혹은 경험이론을 어떤 방향으로 해석해야 하는지를 시사해 준다. 본 연구에서 드러내려고 하는 해득이라는 것은 그것이 교과교육의 궁극적인 목적이라는 점에서 듀이의 경험이론 혹은 교과이론이 나타내는 목적으로서의 성장과 그 지시 대상에 있어서 다른 것일 수 없다. 그러므로 듀이가 내세우는 성장이라는 것이 구체적으로 어떤 것인가를 밝히는 것은 본 연구의 중요한 과제가 된다. 그리고 성장이라는 것이 주체와 대상 혹은 마음과 교과의 교변작용에 의하여 가능하다는 점에서 보면, 그 교변작용을 얼마나 여실하게 드러내는가는 그 과제의 성패를 좌우하는 관건이 된다.

사실상 교변작용이 어떻게 일어날 수 있는가 하는 질문은 듀이의 경험이론 혹은 교과교육이론을 가로지르는 핵심적인 질문에 해당하며, 그의 경험이론 혹은 교과교육이론은 바로 이 질문에 대한 대답으로 이루어져 있다 해도 틀리지 않다. 그러므로 이 질문에 대하여 온전하게 대답하기 위해서는 듀이의 머릿속에 들어 있는 경험이나 교과교육에 관한 생각을 모두 인용하지 않으면 안 된다. 그러나 그 최선책은 원칙상 불가능하다. 그 일이 불가능한 형편에서 우리가 취할 수 있는 차선책은 듀이가 남겨 놓은 흔적에 근거하여, 그가 경험이론 혹은 교과교육이론을 체계화하면서 거쳤을 것으로 생각되는 생각을 가능한 한도 내에서 정확하게 재구성하는 것뿐이다.

이 책이 취하는 차선책은 듀이의 경험이론과 교과교육이론을 구성하는 중요한 개념에 근거하여 앞서 제시된 그 핵심적인 질문에 대한 대답을 제시하는 형태를 띤다. 듀이의 경험이론과 교과교육이론은 그가 사용하는 모든 용어로 이루어져 있다고 말해야 정확하겠지만, 그중에서도 교변작용이라는 통합적 개념을 중심으로 하여 그것을 둘러싸고 있는 '연속성 혹은 계속성' (continuity),[2] '흥미' (interest), '질성' (quality), '정서' (emotion), '미적인 것' (aesthetic) 등은 그것을 구성하는 핵심적인 개념에 해당한다. 이 책의 관심사에 국한시켜 말하면, 듀이는 '교변작용이 어떻게 가능한가?'라는 질문에 대한 대답을 제시하기 위하여 그러한 개념들을 만들어 냈으며, 그의 경험이론과 교과교육이론은 자신이 만들어 낸 그러한 개념들을 활용하여 그 질문에 대한 대답을 제시하는 과정에서 체계화된 것으로 짐작된다.

듀이의 경험이론과 교과교육이론이 교변작용을 설명하는 이론이라는 일반적인 견해를 받아들이면, 그것을 구성하는 그러한 개념들은 듀이가 실지로 그 개념을 어떻게 규정하고 있든지 간에 결코 앞서 제시한 질문과 무관하게 규정되어서는 안 된다. 그 개념들은 그 질문에 대한 대답을 제시하는 데에 기여하는 만큼의 의미를 가진다고 말해야 한다. 그리하여 듀이의 경험이론과 교과교육이론을 구성하는 그러한 개념들을 앞의 질문과 관련지어 규정하고, 그와 같이 새롭게 규정된 의미에 비추어 앞의 질문에 대답하는 일은 교과교육의 목적으로서의 해득이 어떤 성격의 것인가를 드러내는 데에 기여하는 것은 물론이고, 듀이의 경험이론과 교과교육이론을 새롭게 조

---

2) 듀이가 사용하고 있는 'continuity'라는 용어는 공간적인 의미에서는 '연속성'으로, 시간적인 의미에서는 '계속성'이라는 용어로 번역될 수 있다. 그래서 이 책에서는 이들 두 가지 용어로 번역하여 사용할 것이다.

명하는 한 가지 중요한 방법이 될 수 있다.

듀이의 경험이론을 교육인식론적 관점에서 해석한다는 것은 이와 같이 주체와 대상 혹은 마음과 교과의 교변작용이 일어나는 과정에 비추어 그것을 구성하는 핵심적인 개념을 재규정하고, 그 개념의 의미에 근거하여 교변작용과 그것을 통해서 도달하게 되는 이상적인 경지를 밝힌다는 것을 뜻한다. 듀이의 경험이론과 교과교육이론에 관한 기존의 연구에서는 이러한 교육인식론적 관점을 따르기보다, 대부분 듀이가 염두에 두고 있는 규정 자체를 알리거나 그것에 충실하려고 했던 것으로 보인다. 그럴 경우에 듀이의 경험이론 혹은 교과교육이론과 그것을 구성하는 여러 가지 개념에 대한 해석은 필연성을 띠기보다 임의적인 것으로 전락하고 만다.

오늘날 널리 팽배해 있는 듀이의 경험이론과 교과교육이론에 대한 오해는 상당 부분이 바로 여기서 비롯된 것이라고 말해도 무방하다. 가령 'continuity'라는 개념의 경우에 기존의 연구에서는 그것이 주로 한 가지 단위 경험과 다른 단위 경험 사이의 시간적인 관련을 지적하는 계속성이라는 개념으로만 파악되고 있다(김규욱, 2001: 117). 물론 이 개념에 대한 그러한 해석은 듀이의 말에 근거하고 있는 만큼 그릇된 것이라고는 말할 수 없다. 그러나 적어도 그것이 교변작용을 설명하기 위하여 마련된 개념이라면, 그것은 주체와 대상 혹은 마음과 교과가 따로 떨어져서 존재하는 별도의 실체가 아니라는 점을 지적하는 연속성이라는 개념으로도 해석되어야 한다(박철홍, 1993: 309). 짐작컨대, 듀이는 교변작용이 엄연히 일어나고 있다는 사실로부터 그것이 일어나기 위한 조건을 사후적으로 추론해 내어 연속성이라는 개념으로 기술한 것으로 생각된다. 아닌 게 아니라 주체와 대상 혹은 마음과 교과가 모종의 닮은 점을 공통분모로 하여 연결되어 있지 않다면, 그들 사이에 무엇인가가 왕래한다는 것 자체가 애당초 불가능하다. 이 점에서 연속성은 교변작용이 가능하기 위한 논리적 가정에 해당한다고 말할 수 있다.

듀이의 경험이론이나 교과교육이론을 구성하는 다른 개념들도 이하 본론에서 자세히 다루겠지만, 이와 동일한 방식으로 새롭게 해석될 수 있다. 본론에서 제시될 중요한 개념에 대한 새로운 해석을 최종적인 형태로 미리 앞당겨 말하면, 듀이의 예술이론에 등장하는 '미적인 것'이라는 개념은 앞서 지적한 연속성의 구체적인 내용 혹은 앞에서 지적한 주체와 대상이 공통분모로 삼고 있는 닮은 점을 가리키는 개념이라고 말할 수 있다. 그리고 질성과 정서는 그러한 연속성 혹은 미적인 것을 각각 대상과 주체 혹은 교과와 마음의 측면에서 규정하는 개념으로 해석될 가능성이 있다. 듀이는 그러한 다양한 개념을 통해서 연속성의 의미를 지적하고 그것에 근거하여 일어나는 교변작용으로 성장이라는 교과교육의 이상을 설명하고 있다고 보지 않으면 안 된다.

그런데 듀이는 주체와 대상 혹은 마음과 교과의 연속성에 근거하여 일어나는 이들 양자의 교변작용에 관해서는 구체적으로 언급하고 있지 않다. 듀이의 이론체계 내에서 적어도 명시적인 형태로 찾아볼 수 없는 그러한 교변작용의 과정은 성리학의 격물치지론(格物致知論)을 통해서 확인할 수 있다. 격물치지론은 그 명칭이 시사하는 바와 같이 마음과 경전 사이에 일어나는 두 가지 방향의 운동을 격물과 치지라는 개념으로 규정하고 있다. 먼저, 격물은 당사자의 마음속에 갖추어져 있는 인식의 조건으로서 '리'(理)가 마음의 바깥에 있는 경전을 계기로 하여 외부적으로 표현되는 운동을 가리킨다. 당사자가 마음과 경전의 순환 과정에 참여한 결과로 파악하게 되는 그것의 내용은 바로 그 결과에 해당한다고 말할 수 있다. 그렇기는 해도 당사자가 그 순환 과정에서 획득하게 되는 것이 오직 경전의 표면을 이루는 내용이라고 생각하는 것은 잘못이다. 격물치지론은 치지라는 다른 한 가지 방향의 운동을 통해서 이 점을 분명하게 지적하고 있다. 격물치지론 속에 들어 있는 치지는 다름 아닌 경전에서 마음으로 향하는 운동을 가리키며, 당사자는 그 운동을 통해서 경전 속에 들어 있는 리를 획득하게 된다. 그러므로 격물치지론은 당사자가 마음과 경전의 순환 과정에서 경전의 표면을 이루는 내용을 파악하는 매 순간 그것의 이면에 위치하는 리를 획득하는 이상적인 과정을 설명하는 이론이라고 말할 수 있다.

듀이의 교과교육이론이 마음과 교과의 연속성을 지적하는 데에 초점을 두고 교육인식론적 관점을 구현하고 있다는 점과 대비하여 말하면, 격물치지론은 마음과 교과 사이에 일어나는 운동에 초점을 두고 교육인식론적 관점을 구현하고 있다고 말할 수 있을 것이다. 격물치지론이 본 연구와 관련하여 중요성을 띠는 이유는 바로 여기에 있다. 본 연구의 일차적인 과제는 격물치지론에 담겨진 그러한 아이디어를 참고하여 듀이의 교과교육이론을 고찰하는 데에 있다. 이 과제를 수행하기 위해서는 먼저 듀이의 경험이론과 예술이론에서 그토록 중요시되는 연속성이라는 개념을 고찰하는 데에서 시작하여 그것이 주체와 대상의 상호작용에서 차지하는 위치를 드러내지 않으면 안 된다. 성리학의 격물치지론은 듀이의 그러한 상호작용을 이해하는 데에 중요한 단서를 제공할 것으로 생각되지만, 연속성에 근간을 두고 있는 그의 경험이론은 또한 격물치지론의 이념을 이해하는 데에 필요한 개념적 도구가 될 수 있을 것으로 짐작된다.

이들 양자가 구현하고 있는 이러한 교육인식론적 관점이 교육학의 관심사가 되는 것은 그것이 교과를 배우는 일이 어떻게 가능한가 하는 것은 물론이고, 교과를 배우는 일이 궁극적으로 지향하는 이상적인 경지가 어떤 것인가를 드러내는 필연적인 방법이 되기 때문이다. 이 책의 목적에 해당하는 교과교육이 지향하는 이상적인 경지로서의 해득이 정확하게 어떤 성격의 것인가 하는 것은 이 작업의 논리적 귀결로서 자연스럽게 밝혀질 것으로 기대된다.

제2장

경험이론과 교변작용

전 생애에 걸쳐 저술된 듀이의 저서와 논문에, 경험에 관한 그의 생각이 광범위하고 깊이 있게 나타나 있다는 것은 그의 철학에 관심이 있는 사람들 사이에서 거의 상식으로 통용되고 있다. “민주주의와 교육”, “경험과 교육”, “경험과 자연”, “철학의 재건”, “경험으로서의 예술” 등과 같은 저서들은 그의 경험이론이 집약되어 있는 대표적인 것으로 지목되고 있다. 그러므로 듀이의 경험이론에 관한 지금까지의 연구가 주로 그러한 그의 저서와 논문에 근거하여 이루어진 것은 조금도 이상할 것이 없다.

듀이의 철학에 관한 그러한 기존의 연구가 공통적으로 지적하고 있는 사실이지만, 철학에 관한 듀이의 생각은 그 당시까지 광범한 영향력을 행사하고 있던 두 진영의 경험론—희랍의 경험론과 근대적 경험론—이 나타내는 이원론의 오류를 극복하는 과정에서 체계화되었다. 듀이는 경험에 관한 당시까지의 견해 속에 들어 있는 이원론의 오류를 극복함으로써 경험에 관한 새로운 지평을 제시하려고 했던 것이다. 듀이가 상정하는 '연속성'이라는 개념과 그것에 근거한 '교변작용'이라는 개념은 경험에 관한 새로운 지평을 제시하기 위하여 마련된 개념적 방안이라고 말할 수 있다. 듀이의 철학이 경험이론으로 요약된다는 일반적인 생각은 이와 같이 연속성과 교변작용이라는 개념을 통해서 경험에 관한 새로운 지평을 제시했다는 뜻으로 해석될 수 있다.

경험에 관한 듀이의 새로운 견해는 그가 자신의 철학을 구축하는 데에 근간이 되었으며, 경험이라는 개념에 근거한 그의 철학은 다시 경험에 관한 자신의 견해를 재정립하는 데에 반영된 것으로 알려져 있다(박철홍, 1995: 81). 듀이의 철학은 이 점에서 경험의 철학 또는 경험에 관한 이론이라 해도 전혀 틀리지 않는다. 듀이의 철학 속에 들어 있는 생각이 이와 같이 궁극적으로 경험이론으로 수렴된다면, 그가 제시하고 있는 예술이론이나 종교이론 또한 경험이론과 긴밀하게 관련되어 있다고 보지 않으면 안 된다. 그러므로 듀이의 초기 이론으로 알려져 있는 경험이론과 후기 이론으로 생각되는 예술이론과 종교이론은 서로가 서로에 의하여 조명되고 보완되지 않으면 안 된다. 듀이의 그러한 이론이 등장하는 시기에 근거하여 말하면, 듀이의 예술이론과 종교이론은 종전에 제시된 경험이론에 희미하게 나타나 있는 생각을 보다 뚜렷하게 설명하기 위하여 마련된 것이라고 볼 수 있으며, 그만큼 그의 경험이론은 예술이론이나 종교이론에 녹아 있는 아이디어에 의존하지 않는 한 결코 온전하게 이해될 수 없다.

듀이의 철학이 경험이론으로 수렴된다는 생각에 근거하여 예술이론과 종교이론이 각각 경험이론의 어떤 측면을 부각시키는지를 논의하려 한다. 본 장의 1절에서는 먼저 전통적 경험론이 나타내는 이원론적 오류가 정확하게 어떤 것이며, 듀이가 그 오류를 극복하고 경험이론을 체계화하는 과정을 고찰한다. 2절에서는 예술이론에 등장하는 중요한 개념들을 밝힘으로써 연속성이라는 개념이 어떤 아이디어를 담고 있는지를 드러낸다. 그리고 3절에서 그 연속성에 근거하여 이루어지는 교변작용이 어떤 형태의 활동이며, 경험의 주체가 그것을 통해서 이르게 되는 궁극적인 경지가 어떤 것인지를 그의 종교이론을 통해서 확인한다.

1. 교변작용으로서의 경험

듀이는 자신의 사상적 바탕이 되고 있는 제임스의 견해를 이어받아 종전까지 만연해 있던 두 가지 유형의 경험론에 대하여 비판적 입장을 취한다. 17세기 이전까지 강력한 영향력을 행사하고 있었던 경험에 관한 희랍적 견해가 한 가지라면, 다른 한 가지는 로크와 흄의 견해로 대표되는 17세기 이후에 대두된 근대적 경험론이다(SM: 70-71). 듀이의 경험이론은 이러한 두 가지 유형의 경험론에 대하여 비판하는 과정에서 체계화된 것으로 알려져 있다. 그러므로 듀이에 의하여 파악되는 그 두 가지 견해의 난점이 구체적으로 어떤 것인지를 드러내는 것은 그의 경험이론을 이해하는 좋은 출발점이 될 수 있다.

경험에 관한 희랍적 견해는 플라톤과 아리스토텔레스를 통해서 확인할 수 있다. 이들 두 사상가는 적지 않은 관점의 차이를 나타내는 것으로 알려져 있지만, 경험을 순전히 실제적 활동과 동일한 것으로 본다는 점에서는 놀라울 정도로 의견의 일치를 보이고 있다.[1] 즉, 그들은 경험이 정신적 가치 또는 관념적 이익이 아니라 육체에 두루 퍼져 있는 감각기관을 통해서 물질적 이익을 추구하는 활동으로 간주했다(DE: 306). 당시에 이성이 사람들을 영원불변하는 진리 혹은 실재로 안내하는 정신 능력으로 생각되었다는 점과 대비하여 말하면, 경험은 종잡을 수 없이 변화하는 외양을 지각하고 저장하여 습관화하는 감각적 기술로 간주되었다(DE: 307–308). 요컨대, 희랍적 개념으로서의 경험은 '원리'에 대한 이성적 통찰에 근거한 것이 아니라 감각기관에 의존하여 여러 번 시행해 본 결과로 얻게 된 요령이나 주먹구구 혹은 판에 박은 듯이 고정된 절차 등을 의미하는 것이었다.

현대 경험론의 아버지로 지칭되는 로크와 흄은 경험에 관한 이러한 희랍적 견해에 대한 대대적인 수정을 가하게 된다. 그들이 보기에 자연 속에는 독단적인 이성과는 무관하게 있는 그대로의 모습이 들어 있으며, 그것 이외에 따로 지식이라고 부를 만한 것은 있을 수 없다. 감각기관에 사물의 표상이 개별적으로 비침으로써 생겨나는 것 또는 사물을 덮고 있는 편견의 장막을 벗기고 그것을 있는 그대로 마음속에 받아들인 결과로 형성되는 것이 이성이라는 생각은 자연과 지식의 관계에 관한 이러한 새로운 견해에서 비롯된 것이다. 그리하여 경험은 자연이 참으로 어떻게 되어 있는지를 알아냄으로써 이성을 형성하는 활동 또는 외부세계에 존재하는 지식을 받아들임으로써 이성을 형

---

1) 희랍어에서 '경험'에 해당하는 단어는 'empeiria'다. 이 희랍어 단어는 외적 결과를 달성하는 데에 도움이 되는 요령이나 기술 등을 가리킨다. 거기에는 합리적 지식—무엇이 참으로 옳은가에 관한 지식—이 현저하게 결여되어 있고, 거의 전적으로 외적 결과에 관심이 쏠려 있다는 뜻이 함축되어 있다. 플라톤과 아리스토텔레스가 경험을 실제적 관심과 동일시한 것은 바로 이 때문이다(DE: 306에 대한 역자 주).

성하는 활동으로 거듭 태어나게 된다(DE: 311–312).

경험은 이와 같이 17세기를 분기점으로 하여 완전히 새로운 개념으로 변화하게 된다. 듀이는 이성과 관련하여 경험이 겪는 그러한 개념상의 변화를 다음과 같이 요약하고 있다.

> 플라톤에 있어서 경험은 습관화, 즉 과거에 우연적 시행을 많이 한 뒤에 거기서 뽑혀 나온 결과가 보존된 것을 의미하였다. 그리고 이성은 개혁, 진보, 확실한 통제의 원리를 의미하였다. 근대의 개혁가에게 상황은 그 반대였다. 이성, 보편적 원리, 선험적 개념 등은 경험, 즉 감각적 관찰로 내용을 채워 넣어야 의미와 타당성을 가지게 되는 공허한 형식이거나 그렇지 않으면 거창한 이름으로 가장하고 그 비호 아래서 행세하는 경직된 편견이나 권위 의존적인 독단에 불과하였다(DE: 311).

근대의 경험론자들은 듀이가 명백히 지적하고 있는 바와 같이 희랍 철학자들이 파악하는 경험과 이성의 관계를 상이한 관점에서 파악한다. 즉, 경험과 이성을 대립되는 것으로 파악하는 희랍의 경우와는 달리, 근대 경험론에서는 경험이 이성의 기초가 되는 것으로 파악된다. 그러나 듀이의 경험이론을 전체적으로 바라볼 수 있는 오늘날의 입장에서 할 수 있는 말이겠지만, 이들 양 진영에 의하여 파악되는 경험과 이성의 관계는 그러한 현격한 차이를 넘어서 도저히 간과할 수 없는 공통점을 나타내고 있다. 그 공통점이 무엇인가는 이하에서 드러날 근대 경험론에 대한 듀이의 비판 속에 이미 시사되어 있다.

듀이에 의하면, 근대의 경험론자들은 우리의 마음이 마음속 깊이 뿌리박혀 있는 능동적 · 포괄적 요소와 관계가 있다는 사실을 도외시하고(DE: 316), 순전히 수동적인 것으로 파악한다(DE: 312). 사실상 근대 경험론이 초래한 이러한 사태는 경험을 지나치게 강조한 나머지 경험과 이성의 균형이 깨진 데에서 그 원인을 찾을 수 있다. 말하자면, 근대의 경험론은 비록 그 의도가 경험과 이성의 긴밀한 관련을 확립하는 데에 있었다고 하더라도, 결과적으로 이들 양자를 떼어놓는 잘못을 저지르게 되었다. 그리하여 근대의 경험론은 비록 상이한 지점에 무게 중심을 두고 있기는 하지만, 경험과 이성을 별개의 것으로 파악하는 희랍의 오류를 그대로 답습하는 것으로 된다.

듀이가 종전까지 이어져 내려오던 양 진영의 경험론을 한꺼번에 비판하는 이 한 가지 근거는 이하에서 드러날 바와 같이 그의 경험이론의 소극적 근거가 된다. 다음과 같은 듀이의 말은 그 소극적 근거가 그의 경험이론에 구체적으로 어떻게 반영되는지를 보여 주는 것으로 널리 인용되고 있다.

> 이 책에서 제시한 이론은 '연속성'을 강조하는 데에 비하여, 이 책에서 비판한 다른 이론들은 명백하게 또는 암암리에 모종의 기본적인 구분, 분리 또는 대립, 즉 전문적인 용어로 '이원론'을 내세우고 있다. 우리가 알아낸 바에 의하면, 이러한 구분의 원인은 사회집단 사이, 또 동일한 집단 안에서도 부자와 가난한 사람, 남자와 여자, 귀족과 천민, 지배하는 사람과 지배받는 사람 등 계층 사이에 놓여 있는 단단하고 확실한 장벽에 있다. 이 장벽이 집단이나 계층 사이의 자유로운 교섭의 흐름을 가로막고 있는 것이다. 그리고 이와 같이 그 사이에 교섭이 없다는 것은 곧 각각의 집단이 상이한 유형의 생활 경험

> 을 가지고 있고, 또 그 주제와 목적과 가치 표준이 서로 유리되어 있다는 뜻이다. 만약 철학이 경험을 있는 그대로 정확하게 설명하는 것이라면, 그러한 사회적 조건에서 나오는 철학은 어떤 것이든지 당연히 이원론적 성격을 띨 수밖에 없다(DE: 333).

위의 인용문에 따르면 종전의 경험론은 집단과 집단, 부자와 가난한 사람, 남자와 여자, 귀족과 천민, 지배자와 피지배자 사이에 분명한 장벽이 있는 것으로 파악하며, 그러한 장벽은 거의 즉각적으로 양자를 대립되는 것으로 간주하거나 분리시키는 방향으로 줄달음치게 된다. 종전의 경험론이 나타내는 경험과 이성의 관계는 이러한 사태의 한 가지 특수한 변형이라고 말할 수 있다. 한편, 듀이는 종전의 경험론이 안고 있는 이러한 잘못을 이원론으로 규정하면서 다른 한편으로 그것에 대한 대안적인 입장으로 '연속성'을 내세우고 있다.

연속성이 이원론의 대안이 된다는 듀이의 주장은 당장 연속성이라는 아이디어가 어떻게 이원론이라는 용어에 의하여 지적되는 그러한 오류를 극복하는가 하는 질문을 불러오지만, 이는 이원론이 정확하게 어떤 종류의 오류인지를 규명하는 과정에서 자연스럽게 답이 나올 것으로 생각된다. 동전을 예로 들어 말하면, 이원론은 동전의 앞면과 뒷면의 관계를 특정한 방식으로 파악하는 관점을 가리킨다. 우리는 '동전의 앞면과 뒷면'이라는 표현을 사용하고 있을 뿐만 아니라, "동전에는 앞면도 있고 뒷면도 있다."고 말하기도 한다. 그러나 우리가 이러한 말을 한다고 해서 동전의 앞면과 뒷면이 '사실적으로' 따로 떨어져서 별도로 있다고 주장하는 것은 아니다. 그 경우에 우리는 비록 의도적인 것은 아니라 하더라도, 오직 '머릿속으로' 또는 '개념적으로' 동전으로부터 앞면과 뒷면을 추상해 낼 뿐이며, 그러한 추상하는 행위는 그것이 오직 머릿속에서 이루어진다는 점에서 앞면과 뒷면이 결합된 형태로 있는 동전의 존재 방식에 하등 영향을 미치지 않는다. 이러한 방식으로 특정한 대상이나 현상으로부터 그 속에 들어 있는 무엇인가를 추상해 내는 행위를 '개념적 구분'이라고 부른다(이홍우, 1998: 504).

특정한 대상이나 현상을 파악하고 그것에 관하여 무엇인지를 생각하기 위해서는 그것을 개념적으로 구분하는 것이 필수적으로 요청되며, 이 점에서 개념적 구분은 결코 이원론의 오류일 수 없다. 동전에 관한 앞의 말이 이원론의 오류를 나타내기 위해서는 그 말을 하는 사람이 "동전의 앞면과 뒷면이 따로 떨어져서 별도로 존재하고 있다."고 말해야 한다. 개념적 구분과 대비하여 말하면, 이와 같이 두 가지 이상의 어떤 것이 시간적으로나 공간적으로 또는 시공간적으로 별도의 위치를 차지하고 있는 경우를 가리켜 '사실적 분리'라고 부른다. 물론 동전의 경우에 앞면과 뒷면은 이러한 방식으로 존재하는 것이 아니라, 오직 개념적으로만 존재한다. 그러므로 동전의 앞면과 뒷면이 사실적으로 분리되어 있는 것으로 파악하는 것은 명백히 오류에 해당한다. 이와 같이 특정한 대상이나 현상으로부터 개념적으로 구분해 낸 어떤 것을 실지로 존재하는 것으로 파악하는 오류, 개념적 구분을 개념적 구분으로 파악하지 않는 오류, 개념적 구분을 사실적 분리로 격상시키는 오류, 이러한 오류는 '추상의 오류' 또는 '실체화의 오류'다(이홍우, 1998: 506). 종전의 경험론은 개념적 구분을 사실적 분리로 격상시키는 바로 이 오류를 저지르는 전형적인 사례에 해당하며(김수천, 1989: 46), 이 점에서 듀이는 그것에 대하여 이원론이라는 꼬

리표가 붙게 된다.

앞의 인용문에 따르면, 이원론은 모종의 장벽을 경계로 하여 양자를 두 진영으로 유리시킴으로써 그들 사이의 교섭을 불가능한 것으로 만든다는 점에서 난점을 나타낸다. 언뜻 보면, 종전의 경험론에 대한 듀이의 이러한 비판적 견해는 원래 맞붙어 있던 두 개의 대상을 별도로 떼어 놓음으로써 그들 사이에 교섭이 일어나지 않도록 만든다는 뜻으로 해석될지 모른다. 그러나 듀이가 보기에 주체와 대상 사이의 교섭으로 대표되는 두 가지 대상 사이의 교섭은 외부적인 압력으로 인해 일어나지 않기도 하고 그 압력이 제거될 경우에 일어나기도 하는 그런 것이 아니다. 그것은 그러한 압력과는 무관하게 엄연히 일어나고 있는 현상이라고 보아야 한다. 이원론이 사물이나 현상을 변화시키는 '조치'가 아니라, 그것을 파악하는 한 가지 특수한 '관점'이라는 앞의 지적 속에는 이미 이러한 교섭의 성격이 함의되어 있다. 그러므로 듀이의 그러한 비판적 견해는 이원론의 경우와 같이 개념적으로 구분되는 두 가지 대상을 사실적으로 분리시킬 경우에 그들 사이에 엄연히 일어나는 교섭을 이론적으로 설명하는 일이 원칙상 불가능하다는 뜻으로 받아들이는 편이 옳다. 그리하여 주체와 대상 사이에 엄연히 일어나고 있는 교섭을 설명하는 일은 듀이에게 주어진 지상 과제이며, 이원론의 오류는 그 과제를 완수하기 위해서 극복하지 않으면 안 되는 해묵은 장애물이라고 말할 수 있다.

듀이가 보기에 종전의 철학은 오직 궁극적이고 절대적인 실재 그 자체를 드러내려는 무익한 일에 종사해 왔지만, 철학의 역할은 도덕적 역량과 지성을 갖춤으로써 행복한 삶을 영위하려는 인간의 열망에 기여하는 데에서 찾아야 한다(RP: 25–27). 철학의 역할에 관한 듀이의 이러한 견해는 이원론이 나타내는 그러한 난점이 그에게 얼마나 심각한 것인지를 짐작하게 해 준다. 즉, 적어도 듀이에게 있어서 이원론이 나타내는 그러한 난점을 극복하는 일은 인간이 삶을 살아가는 데에 없어서는 안 될 요소로 거론되는 도덕성과 지성을 확립하는 일과 다른 것일 수 없으며, 그것이 확립되지 않는 한 행복한 삶이라는 것은 도대체 있을 수 없다. 듀이의 철학이 실제적 성격을 띤다는 일반적인 평가는 이러한 뜻으로 해석될 수 있다.[2)]

이원론의 오류가 나타내는 그러한 심각성은 듀이로 하여금 그것을 극복하는 일을 학문적 생애의 과제로 삼도록 이끌었다(White, 1972: 271). 듀이가 내세우는 '연속성'은 앞의 인용문에 시사되어 있는 바와 같이, 그러한 이원론의 오류를 극복하기 위한 개념적 방안으로 제시된 것이다(정덕희, 1993: 49). 듀이의 경험이론의 구심점으로 알려져 있는 '상호작용' —앞의 인용문에 나타난 '교섭' 또는 이하에서 나타날 '교변작용' —이라는 개념은 바로 이 연속성이라는 개념에 근거하고 있다. 개인과 세계의 관계에 관한 다음과 같은 듀이의 말은 이 점을 여실하게 보여 준다.

> 모든 인간은 진공 속에서 사는 것이 아니라 세상에서 살고 있습니다. 이 말을 보다 구체적으로 하면, 인간은 일련의 상황들 속에서 살

---

2) 듀이의 철학이 나타내는 이론적 설명은 일차적으로 인간으로 하여금 행복한 삶 또는 올바른 삶을 살아가도록 이끌겠다는 실제적 관심에서 빚어진 것일 뿐만 아니라, 그것에 직결되어 있다. 그러나 그러한 관심사는 실제적 사태에 비추어 보지 않고는 도저히 실현될 수 없다. 듀이는 이 점에서 실제적 관심에 비추어 인간의 삶에 관한 이론적 설명을 제시했다고 말하는 편이 정확할 것으로 생각되며, 그만큼 그의 철학은 교육인식론의 관점을 취하고 있다고 말할 수 있다.

고 있다는 것을 의미합니다. 사람들이 상황 '속'에서 산다고 할 때의 '속'에서라는 말은 동전이 호주머니 '속'에 있다든가, 우유가 병 '속'에 있다고 할 때의 '속'과는 다릅니다. 상황 속에 있다는 말에서 속에 있다는 것은 어떤 사람이 사물이나 다른 사람들과 상호작용을 하고 있다는 것입니다(EE: 139).

듀이가 염두에 두고 있는 상호작용은 주체와 대상 중의 어느 하나가 일방적으로 영향을 미치는 것이 아니라, 서로가 서로에게 영향을 미치는 이중적인 활동을 가리키며, 듀이는 서로 영향을 주고받는 그러한 활동의 사태를 가리켜 '상황'이라고 부른다. 그러므로 적어도 듀이가 보기에 상호작용 속에 혹은 상호작용이 일어나는 사태로서의 상황 속에 들어 있지 않은 주체나 대상이 있을 수 있다는 생각은 원칙적으로 용납되지 않는다. 듀이는 상황 속에서 살아가는 주체의 그러한 존재 방식을 다음과 같이 비유적으로 설명하고 있다.

인간은 동전이 상자 속에 있는 것과 동일한 방식으로 환경 속에 들어 있는 것이 아니다. 인간은 어느 편인가 하면, 식물이 태양과 토양 '속'에 있는 것과 동일한 방식으로 존재한다(HNC: 295).

동전은 비록 그것이 상자 속에 들어 있다 하더라도 상자로부터 분리될 수 있으며, 그럴 경우에도 이들 양자는 여전히 동전과 상자로서 존재할 수 있다. 얼핏 보면, 동전과 상자의 이러한 존재 방식은 식물과 태양의 경우에도 그대로 적용될 수 있을 것처럼 보인다. 사실상 원자론적 사고방식으로 무장한 사람들의 눈에는 식물은 식물이고 태양은 태양으로서, 이들 양자는 따로 떨어져서 별도로 존재하는 것으로 파악된다. 그러나 식물의 비유를 이와 같이 파악하는 것은 듀이가 그것을 통해서 보여 주려고 한 것과는 거리가 멀다. 그 비유의 초점은 어느 편인가 하면, 식물이 태양으로부터 분리될 경우에 더 이상 그 존재를 유지할 수 없다는 데에 있다. 만약 하려고만 한다면, 식물이 나타내는 태양과의 이러한 관련은 토양과 관련해서도 설명될 수 있을 것이다. 동전의 비유를 그대로 사용하여 말하면, 식물은 동전의 앞면과 뒷면의 관계가 보여 주는 바와 같이 결코 태양이나 토양과 분리될 수 없다는 점을 지적하는 것이 그 비유의 초점인 셈이다.

태양이나 토양에 대한 그러한 식물의 존재 방식은 말할 필요도 없이 대상에 대한 주체의 존재 방식—그의 용어로 환경에 대한 인간의 존재 방식 또는 세계에 대한 개인의 존재 방식—에도 그대로 적용된다. 즉, 상호작용 속에 들어 있는 주체는 결코 그 작용을 이루고 있는 다른 한 부분인 대상과 결코 분리될 수 없으며(LTI: 25), 또한 환경과도 분리될 수 없다. 그것은 환경의 한 요소를 이루면서 환경을 이루는 것이다. 대상에 대한 이러한 주체의 존재 방식 속에는 주체에 대한 대상의 존재 방식이 이미 함의되어 있다. 대상에 대한 듀이의 다음과 같은 말은 주체에 주어져 있는 거점을 대상으로 옮겨 놓고 주체와 대상이 불가분의 관계를 맺고 있다는 점을 지적하는 것으로 받아들일 수 있다.

> 상황이라는 말은 하나의 대상이나 사건을 가리키는 것이 아니다. 왜냐하면, 우리는 우리와 무관하게 주어진 대상이나 사건을 경험하는 것이 아니요, 그러한 방식으로 그것을 판단하는 것이 아니기 때문

> 이다. 우리는 오직 전체적인 맥락 속에서 그것의 의미를 판단할 수 있다. …… 대상은 언제나 그것을 둘러싸고 있는 경험의 세계, 즉 상황의 특수한 상태다. 그리고 그 대상이 나타내는 의미는 …… 그러한 전체적인 환경 안에서 결정된다(LTI: 72-73).

듀이는 위의 인용문에 나타나 있는 바와 같이 경험이나 맥락을 벗어나 있는 대상이나 사건, 경험이나 맥락 속에 들어와 있는 대상을 엄격하게 구분한다. 원시림 속에서 고목이 되어 있는 나무, 몇 백 광년 밖에 있는 폭발하여 사라지는 혹성, 지구 중심에서 활발하게 움직이고 있는 광물질 등과 같이 지금까지 누구에 의해서도 관찰되지 않은 것이 있을 수 있다. 전자는 이러한 대상이나 사건을 가리키며, 듀이는 그것을 일컬어 '순수 사건'이라고 부른다(박철홍, 1993: 304).[3] 그러나 듀이가 주체와 대비되는 개념으로 사용하는 대상은 그런 것이 아니다. 그것은 경험이나 맥락 속에 들어와 있어서 주체와 끊임없이 관련을 맺고 있는 바로 그런 것을 가리킨다. 듀이가 보기에 대상이나 사건의 의미는 오직 경험이나 맥락에 의하여 확인되며, 따라서 오직 그 속에 들어와 있을 경우에 의미 있는 것으로 된다.

듀이가 내세우는 상황이라는 개념은 이상에서 드러난 바와 같이, 주체와 대상이 따로 떨어져서 별도로 존재하는 것이 아니라 하나로

---

3) '순수 사건'이라는 듀이의 용어는 그가 경험의 세계와 그것을 넘어선 순수한 존재의 세계가 있을 수 있다는 점을 인정하는 것처럼 보인다. 가령 "플라톤의 철학을 열렬히 신봉하는 사람들이 실재와 외양을 완전히 단절시킨 것과 마찬가지로 알 수 없는 세계와 알 수 있는 세계를 단절시키는 이원론을 복원시켰다."는 로버트 듀이의 비판은 이러한 맥락에서 제시된 것으로 생각된다(R. Dewey, 1977: 117). 그러나 듀이에 대한 이러한 비판은 이하에서 드러날 바와 같이 결코 타당한 것으로 받아들일 수 없다.

연결되어 있다는 점을 지적하기 위하여 고안된 것이라고 말할 수 있다. 듀이는 주체와 대상이 나타내는 이러한 불가분의 관계를 분명히 하기 위하여 '연속성'이라는 개념을 도입한다. 논리학의 용어를 빌어 말하면, 주체와 대상은 실지로 일어나고 있는 이들 양자가 상호작용하는 상황으로부터 추상해 낸 그것의 두 측면에 해당하며, 이 점에서 이들 양자는 사실적으로 분리되어 있는 것이 아니라 오직 개념적으로 구분될 뿐이라고 말할 수 있다. 연속성이라는 개념의 초점은 이와 같이 주체와 대상의 상호작용을 설명하기 위하여 이들 양자가 오직 개념적으로 구분될 뿐, 결코 사실적으로 분리될 수 없다는 점을 지적하는 데에 있다.

사실상 주체와 대상의 상호작용이 일어나기 위해서는 이들 양자가 모종의 공통분모로 연결되어 있다고 보지 않으면 안 된다. 정확하게 말하면, 주체와 대상 사이에 상호작용이 일어나고 있다는 것은 이들 양자가 모종의 통로로 연결되어 있다는 점을 보여 준다. 만일 주체와 대상 사이에 통로라고 할 만한 것이 없다면, 이들 양자 사이의 왕래 또는 서로 영향을 주고받는 일은 애당초 일어나지 않아야 마땅하기 때문이다. 그러므로 주체와 대상의 연속성은 상호작용의 논리적 가정에 해당한다고 말할 수 있다.

그런데 연속성이라는 개념이 나타내는 주체와 대상의 그러한 불가분의 관계는 듀이가 생각하는 것만큼 그렇게 쉽게 납득되지 않는다. 차라리 보통 사람들의 눈에는 주체와 대상이 따로 떨어져서 별도로 존재하는 것으로 보인다고 말해야 한다. 이 점에서 연속성이라는 개념은 아무런 의심 없이 받아들여야 할 개념이 아니라 모종의 해명을 필요로 하는 개념이며, 그만큼 듀이의 전기 이론은 불완전하다고 말할 수 있다. 주체와 대상의 연속성을 둘러싼 이러한 전기 이론의 불완전성이 어떻게 극복되는가는 2절로 미루고, 이하에서는 연속성에 근거를 두고 있는 상호작용이라는 개념이 듀이의 철학에서 어떤 위치를 차지하는지를 고찰하도록 하겠다.

듀이는 이상의 논의에 이미 시사되어 있는 바와 같이 바로 이 연속성이라는 개념에 근거하여 주체와 대상의 상호작용을 설명한다. 언뜻 보면, 주체와 대상을 구분하는 것 역시 듀이가 그토록 비판하려고 했던 이원론의 오류처럼 보일지 모른다. 그러나 이러한 생각은 개념적 구분과 사실적 분리 사이의 엄격한 차이를 정당하게 존중하지 않는 데에서 비롯된다. 앞서 지적한 바와 같이, 개념적 구분은 실지로 양자를 떼어 놓는 사실적 분리와는 달리, 오직 머릿속으로 양자가 마치 따로 떨어져 있는 것처럼 생각하는 것일 뿐이다. 다시 말해, 개념적 구분에서는 양자가 따로 떨어져 있다는 생각이 배제되어 있으며, 이 점에서 그것은 결코 이원론의 오류라고 말할 수 없다. 설령 개념적 구분에 이원론이라는 용어를 적용한다 하더라도, 그것은 듀이가 배척하는 이원론과는 성질이 다른 것이요, 오류라기보다는 불가피한 것이라고 보는 편이 옳다. 듀이든 누구든지 간에, 개념적 구분에 의존하지 않은 채 양자 사이에 일어나는 역동적 과정을 설명한다는 것은 원칙상 불가능하기 때문이다. 그러므로 주체와 대상을 개념적으로 구분하는 것은 결코 연속성이 담고 있는 아이디어와 양립 불가능한 것이 아니다. 차라리 그러한 개념적 구분은 연속성이라는 개념이나 그것에 근거하고 있는 상호작용이라는 개념을 의미 있게 설명하기 위한 개념적 방편이 된다고 말하는 편이 정확하다.

그렇기는 해도 개념적 구분 속에는 그것이 사실적 분리와 함께 '다르다.'는 말의 두 가지 의미에 해당하는 만큼 다음 순간에 사실적 분리로 나아갈 가능성이 배태되어 있다. 그럴 경우에 상호작용은 따로 떨어져서 별도로 있는 주체와 대상이 모종의 영향을 주고받는다는 뜻으로 오해될 수밖에 없다. 듀이는 이러한 불행한 사태를 원천적으로 봉쇄하기 위하여 상호작용(inter-action)이라는 개념을 '교변작용'(trans-action)이라는 용어로 대치하게 된다(Troutner, 1974: 28). 바꾸어 말하면, 교변작용이라는 개념은 주체와 대상이 사실적으로 분리되어 있다는 종전의 이원론을 극복하고 이들 양자가 개념적으로 구분되는 것일 뿐이라는 점, 한마디로 말하여 앞서 나타난 연속성의 아이디어를 부각시키기 위하여 특별히 마련된 것으로 생각된다(박철홍, 1993: 300-303; 1994a: 286-292).

듀이는 종전의 경험론이 나타내는 이원론의 오류를 극복하는 과정에서 연속성이라는 개념을 정립하고, 그것에 근거하고 있는 교변작용이라는 개념을 통해서 경험에 관한 자신의 생각을 새롭게 체계화하게 된다.[4] 이 점에서 듀이의 경험이론은 연속성과 그것에 근거하여 설명되는 교변작용이라는 개념으로 이루어져 있다고 말할 수 있다(EE: 139). 연속성과 교변작용이라는 개념이 듀이의 경험이론 속에서 어떻게 구체화되는가 하는 것은 다음과 같은 그의 유명한 말을 통해서 확인할 수 있다.

경험이라는 것은 수동적 요소와 능동적 요소의 특수한 결합으로

4) 사실상 우리가 향유하는 문화는 인간이 그러한 교변작용에 참여한 결과로 누적적으로 발전되어 온 산물 이외에 다른 것일 수 없다. 듀이가 말년에 와서 경험이라는 개념을 '문화'라는 개념으로 대치하려고 시도했던 것은 이러한 맥락에서 이해될 수 있다(LW1: 361).

> 이루어져 있다는 점에 착안하면, 경험의 성격은 쉽게 이해될 수 있다. 능동적 측면에서 볼 때, 경험은 '해 보는 것'을 말한다. 이것은 경험이라는 말과 연결된 '실험'이라는 말의 의미에서 당장 드러난다. 수동적 측면에서 볼 때, 경험은 '당하는 것'을 말한다. 우리가 어떤 것을 경험할 때, 우리는 그것에 작용을 가하고 그것에 무엇인가 일을 하며, 그다음에 그 결과를 입든가 당하든가 한다. 우리는 그것에 무슨 일인지를 하며, 그것이 다시 우리에게 무슨 일인지를 한다. 이것이 앞에서 말한 두 가지 요소의 특수한 결합이다(DE: 163).

위의 인용문에 따르면, 경험은 능동적 요소와 수동적 요소의 결합으로 규정된다. 보다 자세하게 말하면, 경험은 주체가 대상에 대하여 무엇인가를 하는 것과 그 결과로 대상이 주체로 하여금 무엇인가를 당하도록 하는 것의 결합으로 이루어진 전체를 가리킨다(CI: 11). 경험에 관한 듀이의 이 규정은 비록 그것을 받아들인다 하더라도, 그것을 접하는 사람들로 하여금 거의 즉각적으로 '주체가 대상에 대하여 어떤 일을 하는가.'와 '대상이 주체로 하여금 어떤 일을 겪도록 하는가.' 하는 질문을 불러일으킨다. 이 두 가지 질문은 듀이의 경험이론을 이해하기 위해 대답하지 않으면 안 되지만, 그것에 앞서 한 가지 확인하고 넘어가야 할 것이 있다. 그것은 경험에 관한 듀이의 그 규정과 앞서 살펴본 교변작용이 어떤 관계에 있는가 하는 것이다.

위의 인용문에 나타난 경험에 관한 규정은 표면상 교변작용과 그다지 직접적인 관련이 없는 것처럼 보일지 모른다. 그러나 듀이의 경험이론이 희랍에서 시작되어 당시까지 이어져 내려오던 이원론에 대한 투쟁의 산물이라는 통념이 보여 주는 바와 같이(Phenix, 1966: 39-51),

그러한 표면적인 견해는 결코 견지될 수 없다. 오히려 앞서 나타난 교변작용에 관한 설명은 연속성에 근거하여 주체와 대상의 논리적 관련을 드러내는 데에 초점을 두고 있으며, 위의 인용문에 나타난 경험에 관한 설명은 바로 그 교변작용이 일어나는 사실적 과정을 드러낸다고 말하는 편이 옳다. 바꾸어 말하면, 주체가 대상에 대하여 무엇인가를 한다는 것은 앞서 나타난 교변작용을 주체의 활동에 거점을 두고 지적하는 것이며, 대상이 주체로 하여금 무엇인가를 당하도록 한다는 것은 거점을 대상으로 옮겨 놓고 그 속에서 일어나는 활동을 지적하는 것이라고 말할 수 있다. 그리하여 듀이가 내세우는 경험은 주체와 대상의 교변작용을 가리킨다고 말할 수 있으며, '하는 것'과 '당하는 것'은 교변작용 또는 경험으로부터 개념적으로 구분해 낸 두 측면이라고 말할 수 있다. 원래 있는 것은 교변작용뿐이지만 개념적으로 분리하면서 주체와 대상, '하는 것'과 '당하는 것'의 구분이 생겨난다.

그러나 앞에서 지적한 바와 같이, 경험의 능동적 측면과 수동적 측면이라고 부를 만한 그 두 측면이 정확하게 무엇을 가리키는가 하는 것은 그다지 분명하지 않다. 경험 중에서 어떤 것은 거의 전적으로 무조건 해 보고 그 결과를 보는 식으로 이루어지기도 하기 때문이다. 그렇기는 해도 듀이가 염두에 두고 있는 본격적인 의미에서의 경험은 다음과 같은 듀이의 비판적 입장이 보여 주는 바와 같이, 결코 그러한 방식으로 이루어지는 주먹구구식의 경험이 아니다.

> 우리의 모든 경험에는 '마구잡이'로 해 보는 측면—심리학자들이 말하는 '시행착오법'이라는 것—이 들어 있다. 즉, 우리는 그냥 무슨 일인지를 해 보고, 잘 안 되면 다른 일을 해 보면서, 마침내 우리가 바

> 라는 대로 될 때까지 계속 시행해 본 뒤, 다음에 똑같은 일을 할 때에는 그 성공한 방법을 임시변통으로 채택하는 것이다. 우리의 경험 중에서 어떤 것은 거의 전적으로 이와 같이 무조건 해 보고 그 결과를 보는 주먹구구식으로 이루어져 있다. 이 경우에 우리는 이러이러한 행동방식이 이러이러한 결과와 연결되어 있다는 것은 알지만, 그것이 '어떻게' 연결되어 있는가는 알지 못한다. 우리는 그 연결의 자세한 내용을 알지 못하며, 양자를 연결해 주는 고리가 우리에게는 없는 셈이다. 우리의 파악은 대단히 부정확한 것이다(DE: 169-170).

듀이에 의하면, 그러한 시행착오적 경험은 산만하고 초점이 없는 단순한 활동에 지나지 않으며, 이 점에서 그것은 결코 경험일 수 없다(DE: 163). 그러한 활동은 비록 모종의 변화를 가져오기는 하지만, 그 변화는 그것을 유발한 활동과 그 활동의 결과를 관련지으려는 의식적인 노력에 의하여 생성된 것이 아니기 때문이다(DE: 163). 시행착오적 경험에 대한 듀이의 이러한 비판적 입장에 비추어 말하면, 우리가 하는 활동이 본격적인 의미에서의 경험으로 되기 위해서는 우리가 하고자 하는 것과 그 결과로 일어나는 것 사이의 관련을 파악하려는 의식적인 노력이 반드시 필요하다. 듀이는 우리가 하는 일과 그것으로부터 생겨나는 결과 사이의 관련을 구체적으로 파악함으로써 양자가 연속적인 것이 되도록 하려는 의식적 노력을 가리켜 '사고'라고 부른다(DE: 170). 그러므로 경험의 능동적 측면으로서의 하는 것은 단순한 신체적 움직임을 가리키는 것이 아니라 사고에 뿌리를 두고 있는 움직임이며, 경험의 수동적 측면으로서의 당하는 것 또한 단순한 결과가 아니라 사고에 의하여 포착되는 결과라고 말할 수 있다. 사고는 이 점에서 경험의 알파요, 오메가에 해당한다고 말할 수 있다. 듀이는 이와 같이 사고에 바탕을 둔 본격적인 의미에서의 경험을 시행착오적 경험과 대비하여 '반성적 경험'이라고 부른다.[5)]

듀이가 염두에 두고 있는 경험은 이와 같이 사고에 기초하여 행하고, 그 결과를 다시 사고 속으로 통합시킨다는 점에서 반성적 성격을 띤다. 경험에서 사고가 차지하는 위치를 시간적인 순서에 따라 말하면, 현재의 경험은 이전의 경험에 의하여 획득된 사고에 기반을 두고 있으며, 현재의 경험에 의하여 획득되는 사고는 다시 장차의 경험에 활용된다. 그러므로 경험의 목적은 단순히 과거의 경험을 그대로 답습함으로써 자신이 당면하는 사태를 임시변통으로 모면하는 데에 있는 것이 아니라, 그 속에서 활용되고 획득되는 사고를 점점 더 예리하고 세련되게 하는 데에 있다고 말할 수 있다. 그리고 경험에 끊임없이 참여함으로써 사고를 점점 더 예리하고 세련되게 하는 것은 사고가 경험에 의하여 활용되고 획득된다는 바로 그 점에서 경험의 의미를 더욱 풍부하게 하는 것과 다른 것일 수 있다. 요컨대, 경험은 사고에 의하여 계속적으로 재구성되며, 듀이가 경험의 목적으로 내세우는 '성장'은 그러한 경험의 계속적인 재구성으로 정의된다(DE: 76).

그런데 경험의 목적에 관한 듀이의 이 정의는 그것을 묻는 사람들에게 만족스러운 대답으로 받아들여지기보다는 대답의 형태를 빌려

---

5) 듀이는 반성적 경험을 '이차적 경험'이라고 부르기도 한다. 물론 이차적 경험 또는 반성적 경험에는 경험의 주체가 전체 상황을 경험의 대상으로 대면할 때 일어나는 일차적 경험 또는 질성적 경험이 수반되기 마련이다(박철홍, 1994: 274). 일차적 경험 또는 질성적 경험과 이차적 경험 또는 반성적 경험은 이 점에서 경험의 두 측면이라고 말할 수 있다. 보다 엄밀하게 말하면, 그러한 일차적 경험 또는 질성적 경험은 이하에서 드러날 바와 같이 이차적 경험 또는 반성적 경험의 근거요, 바탕이 된다고 말하는 편이 옳다.

그 질문을 교묘하게 회피하는 것처럼 보일 가능성이 있다. 그러한 질문을 제기하는 사람들의 귀에는 듀이의 그 대답이 '경험의 목적을 묻기보다는 열심히 경험에 참여하라.'든지, '경험에 끊임없이 참여하다 보면, 자연스럽게 그 대답을 찾게 될 것이다.'라는 식으로 들리기 때문이다. 이 점에서 보면, 듀이의 그 대답 속에는 그러한 질문을 제기하는 사람들이 응당 기대하는 내용이 결여되어 있으며, 그만큼 그것은 정상적인 의미에서의 대답으로 받아들여지지 않는다.

물론, 듀이가 정상적인 방식으로 경험의 목적을 정의하지 않는 데에는 나름의 이유가 있다. 그들의 기대에 부응할 경우에 경험의 목적은 필경 그것의 바깥에 있는 고정된 어떤 것으로 파악될 수밖에 없으며, 그만큼 역동적 과정으로서의 경험의 성격은 왜곡될 수밖에 없다는 것이 바로 그 이유다(DE: 60-61). 듀이의 이러한 우려를 감안하여 말하면, 그의 눈에는 경험의 과정 그 자체로 경험의 목적을 대신하는 것이 그러한 불행한 사태에서 벗어나 경험의 목적을 온전하게 규정하는 유일한 방식으로 보였을 것으로 짐작된다. 호의적으로 해석하면, 듀이는 경험의 재구성 또는 성장이 사고에 기반을 두고 있다는 점을 지적하는 것으로 경험의 목적에 내용을 부여한 것이나 다름없다고 생각했을 수도 있다. 그리하여 경험의 재구성이나 성장으로 진술되는 경험의 목적을 사고의 넓이와 깊이를 더한다는 뜻으로 받아들이는 것은 그다지 어렵지 않다는 것이 듀이의 견해다.

그러나 경험의 재구성이나 성장을 이와 같이 사고의 확장으로 파악한다고 해서 경험의 목적이 의문의 여지가 없이 분명한 것으로 되는 것은 아니다. 사실상 우리는 사고라는 것을 삶의 매 순간 활용하고 있으며, 그만큼 이와 같이 파악하는 데에는 의문의 여지가 없는 것처럼 여겨진다. 그렇기는 해도 경험의 목적이 사고를 확장시키는 데에 있다는 견해가 온전한 것으로 되기 위해서는 '사고를 이루고 있는 내용이 무엇인가.' 하는 질문과 그 질문에 대한 대답에 비추어 '경험을 통해서 사고가 확장된다는 것이 정확하게 무엇이 어떻게 된다는 뜻인가.' 하는 질문에 대하여 대답하지 않으면 안 된다. 이 질문에 대한 대답이 제시되지 않는 한, 사고의 확장이라는 경험의 목적은 경험의 재구성이나 성장과 마찬가지로 경험의 목적을 제시하는 것이라기보다는 경험의 목적을 제시하라는 요구를 교묘하게 회피하는 것에 지나지 않는 것으로 여겨질 수 있다. 연속성에 대한 정확한 해명을 요구하는 앞의 질문과 더불어 경험 또는 교변작용의 목적을 묻는 이 질문에 대하여 본격적으로 대답하기 위해서는 듀이의 후기 사상을 압축적으로 보여 주는 예술이론과 종교이론을 기다려야 했다.

2. 교변작용의 예술적 측면

듀이의 예술이론이 그의 철학을 집약하는 경험이론을 온전하게 이해하는 데에 중요한 단서를 제공한다는 것은 '경험과 예술 그리고 자연'이라는 주제가 그의 경험이론이 집약되어 있는 저서 중의 하나인 "경험과 자연"의 한 장을 이루고 있다는 사실을 통해서도 확인할 수 있다. 사실상 듀이의 후기 이론을 대표하는 저작 중의 하나인 "경험으로서의 예술"은 "경험과 자연"의 9장에 나와 있는 예술에 관한 생각을 보다 자세하게 그리고 분명하게 설명하기 위하여 저술된 것이라고 할 수 있다. 뿐만 아니라 그 저작 속에 체계화되어 있는 듀이의 예술이론은 금세기 최고의 것으로 평가받고 있다(Beardsley, 1966: 332).

그럼에도 불구하고 듀이의 예술이론은 그동안 그 성격에 부합되는 정당한 대우를 받지 못했을 뿐만 아니라, 경험이론과의 관련 속에서 충분하게 파악되지 못한 형편이다(한명희, 1982: 165). 듀이의 예술이론이 그 이전에 제시된 경험이론을 구체화하기 위하여 제시된 것이라는 점을 염두에 두면, 그의 예술이론이 처해 있는 그러한 형편은 예술이론이나 경험이론 모두에게 불행한 일이라 말할 수 있다. 예술이론은 듀이의 이론체계 내에서 마땅히 누려야 할 지위를 잃어버린다는 점에서 불행이며, 경험이론은 그 속에 들어 있는 심오한 의미가 온전하게 드러나지 않는다는 점에서 불행이다. 말할 필요도 없이, 이러한 불행한 사태를 극복하는 유일한 방법은 경험이론과의 관련 속에서 예술이론을 파악하고, 다시 예술이론에 근거하여 경험이론을 재조명하는 것뿐이다(경험이론과 예술이론에 관한 이러한 말은 3절에서 제시될 종교이론과 경험이론의 관계에도 거의 그대로 적용된다).

듀이의 예술이론은 "경험으로서의 예술"에 집약되어 있다. 듀이의 이 저서는 흔히 미학에 관한 것으로 분류되고 있으며, 그만큼 '미적' 혹은 '미적인 것'이라는 용어가 이 책 전체에서 끊임없이 등장한다. 이와 같이 이 용어가 시종일관 등장한다는 사실은 듀이 역시 다른 미학자들과 마찬가지로 '미' ―미학의 용어로 '아이스테티카'[6]―라는 개념을 예술이론의 핵심으로 삼고 있다는 것을 시사한다. 물론, 이러

6) 듀이의 예술이론에 등장하는 'aesthetic'이라는 단어는 오늘날 통상적으로 '미학적', '심미적' 또는 심지어 '예술적'으로 번역되고 있다. 그러나 그 영어 단어는 일상적인 용어가 아니라, 철학의 한 분야인 미학의 전문용어로 취급해야 하며, 그 경우에 그것은 그와 같이 사전적 의미로 파악되어서는 안 된다. 미학의 영역에서 그 단어는 진이나 선이나 성과 대비되는 미가 아니라, 그것과 구분되지 않는 미 또는 미 그 자체를 뜻하는 것으로 사용되고 있

한 사실은 미 또는 아이스테티카라는 개념을 정확하게 파악하는 것이 그의 예술이론을 이해하는 데에 관건이 된다는 점을 지적하고 있지만, 듀이의 철학 전체와 관련지어 보다 중요한 사실은 그 개념을 중심으로 하여 전개되는 예술이론이 경험이론과 긴밀하게 관련되어 있다는 점이다. 앞서 지적한 예술이론과 경험이론의 관계에 비추어 말하면, 아이스테티카라는 개념은 그것의 존재를 전형적으로 예시하는 예술적 경험을 이해하는 데에 반드시 필요하다는 것 이상으로, 그 개념에 의존하지 않는 한 경험이론을 온전하게 이해한다는 것은 불가능하다는 것이다. 그러므로 듀이의 예술이론에 등장하는 여러 가지 중요한 개념들—가령, '하나의 경험', '질적 성질', '정서', '통일성' 등—은 바로 그 아이스테티카라는 개념을 다양한 측면에서 설명하기 위한 개념적 도구다. 그리고 그의 예술이론은 아이스테티카라는 개념에서 파생되는 그러한 여러 가지 개념에 근거하여 경험이론을 세부적인 수준에서 드러내기 위하여 마련된 것이라고 말할 수 있다.

듀이의 예술이론의 핵심을 이루는 아이스테티카라는 개념이 경험이론의 어떤 점을 부각시키는가 하는 것은 그것에 관한 듀이의 설명을 통해서 확인할 수 있다. 듀이의 예술이론 내에서 아이스테티카라는 개념은 다음과 같이 두 가지 뜻으로 해석될 가능성이 있다. 지적인 것이나 실제적인 것 등과는 다른 독특한 특징을 지시하는 개념이라는 것이 한 가지 해석이라면, 다른 한 가지 해석은 어떤 모든 특징을 포

다. 그래서 미학자들은 이 점을 부각시키기 위하여 그것에 해당하는 라틴어 단어인 '아이스테티카' (aesthetica)라는 단어를 사용한다. 듀이는 비록 아이스테티카라는 단어를 사용하고 있지는 않지만, 그 영어 단어를 그러한 뜻으로 사용하고 있다. 본 논문에서 미학자들의 관행에 따라 아이스테티카라는 용어를 그대로 사용하는 것은 듀이가 그 영어 단어를 사용하면서 품고 있었던 의미를 부각시키기 위해서다.

괄하는 개념이라는 것이다. 아이스테티카라는 개념이 나타내는 이러한 애매성은 그것이 어떤 방향으로 해소되는가에 따라서 듀이의 예술이론이 상이하게 파악될 수 있다는 점에서 심각성을 띤다.

먼저 전자의 경우에 아이스테티카는 지적인 것이나 실제적인 것 등과 동일한 평면 위의 좌우에 위치하는 것으로 되며, 이 점에서 예술적 경험은 지적 경험이나 실제적 경험과 더불어 다양한 경험 중의 한 가지 '종류'로 파악될 수밖에 없다. 사실상 듀이는 지적 경험과 실제적 경험에 이어서 심미적 경험을 언급하는 장면에서, 그것을 아이스테티카가 특별히 부각되는 경험이라고 지적하고 있다(AE: 55). 그의 이러한 지적은 아이스테티카 혹은 예술적 경험을 이와 같이 해석할 가능성을 제공한다. 그리하여 듀이의 예술이론은 예술적 경험이라는 경험의 한 가지 종류에 국한된 설명으로 여겨지게 된다.

그러나 듀이의 예술이론에 대한 이러한 견해에서는 그것이 그의 경험이론을 세부적인 수준에서 설명하고 있다는 일반적인 견해가 존중되지 않는다. 그러한 일반적인 견해가 정당하게 존중되기 위해서는 예술적 경험에 의하여 부각되는 아이스테티카의 역할에 관한 듀이의 다음과 같은 주장에 주목할 필요가 있다. 듀이는 예술적 경험을 언급하는 바로 그 앞의 장면에서 "아이스테티카는 경험을 하나로 통합된 완전한 경험으로 만든다."고 말한다(AE: 55). 듀이의 이 말은 당장 '아이스테티카가 어떻게 경험을 통합되고 완전한 것으로 만들 수 있는가.' 하는 질문을 불러오지만, 그 질문에 대답하기에 앞서 듀이의 그 말에 숨어 있는 아이스테티카의 성격을 확인할 필요가 있다.

흔히 미는 예술 활동의 한 가지 특징으로 생각되며, 그만큼 아이스테티카는 예술적 경험 속에 들어 있는 것으로 생각된다. 그렇기는 해도 그것이 오직 예술적 경험 속에만 들어 있다고 생각하는 것은 잘못이다. "아이스테티카는 경험을 하나로 통합된 완전한 것으로 만든다."는 듀이의 지적 속에 나타난 '경험'은 그것에 특별한 한정사가 붙어 있지 않다는 데에서 알 수 있는 바와 같이, 예술적 경험은 물론이고 지적 경험이나 실제적 경험 등 일체의 경험을 가리킨다고 보아야 하기 때문이다. 그러므로 아이스테티카는 비록 예술적 경험에 의하여 부각되기는 하지만, 그것의 역할은 예술적 경험에 국한된다기보다는 모든 경험에 적용되며, 이 점에서 아이스테티카는 모든 경험 속에 들어 있다고 보아야 한다. "만일 어떤 경험이 아이스테티카를 나타내지 않는다면, 그 경험은 그것이 어떤 것이든지 간에 통일성을 갖출 수 없다."(AE: 40)는 듀이의 지적은 이 점을 단적으로 보여 준다.

언뜻 보면, 아이스테티카가 모든 경험 속에 그것의 특징으로 들어 있다는 앞의 해석은 모든 경험 속에 지적인 것이나 실제적인 것 등과는 별도로 아이스테티카가 '한 가지' 특징으로 들어 있어서, 그것이 모든 경험을 통합되고 완전한 것으로 만든다는 뜻으로 이해될지 모른다. 물론 보통의 경우에 아이스테티카의 현상적 표현으로서의 미적인 것은 지적인 것이나 실제적인 것 등과는 다른 특징으로 파악된다(이 점에서는 이하에서 드러날 정서 또한 마찬가지다.). 그러나 그것이 다른 것으로 파악되는 것은 그 특징이 적용되는 대상 혹은 활동이 다르다는 것을 지적하는 것으로 받아들이는 편이 옳다. 사실상 우리에게는 그 각각이 적용되는 독특한 활동이 있으며, 그만큼 그 각각이 다른 것으로 파악되는 것은 하등 이상할 것이 없다. 그러나 그렇다고 해서 그 각각이 오직 다르기만 하다고 말하는 것은 듀이의 생각과는 거리가 멀다. 아이스테티카에 대한 다음과 같은 듀이의 말은 이 점을 지적하는 것으로 받아들일 수 있다.

> 심미적인 것의 적은 실제적인 것도 아니요, 지적인 것도 아니다. 그것의 적은 의욕이 없는 것, 즉 목표가 불분명한 데에서 비롯되는 태만이나 관습적으로 행동하고 생각하는 것이다. 한편으로 엄격하게 절제하고 강제적인 것에 복종하고 융통성 없이 행동할 경우, 또 한편으로 방탕하게 행동하고 충동적이고 맹목적으로 욕망을 추구할 경우의 경험은 (두 가지) 상반된 방향으로 탈선의 길을 걷게 된다. 아리스토텔레스는 이러한 생각으로 '비례중항'이라는 개념을 만들어 냈으며, 그것에 근거하여 덕과 미가 다르다는 (당시 사람들의) 생각이 정확하게 무슨 뜻인지를 설명하였다. 형식상으로 보면, 그의 생각은 결코 그릇된 것이 아니다. 그러나 '중항'과 '비례'라는 개념은 더 이상 설명이 필요 없는 것이 아니며, 무엇보다도 수학적 의미로 받아들일 수 있는 것이 아니다. 그 개념은 경험이 그 자체의 완결점을 향하여 나아갈 경우에 그 경험 속에 들어 있는 특징을 가리키는 것이다(AE: 40-41).

아이스테티카—듀이의 용어로 '심미적인 것'—는 지적인 것이나 실제적인 것 등과는 다른 것으로 생각되지만, 그러한 상식적인 생각은 듀이의 그것과는 거리가 멀다. 첫 문장에 명백히 지적되어 있는 바와 같이, 듀이가 염두에 두고 있는 아이스테티카는 결코 지적인 것이나 실제적인 것, 심지어 그밖에 어떤 특성과도 대립되는 것이 아니다. 듀이가 아리스토텔레스의 비례중항이라는 개념을 도입하는 것은 다름 아닌 아이스테티카가 이러한 통합적 성격을 띤다는 점을 지적하기 위한 것으로 생각된다.

아리스토텔레스의 비례중항이라는 개념은 덕과 미를 모두 포함하고 있는 어떤 것이 있을 수 있으며, 온전한 덕이나 온전한 미는 이와 같이 양자를 모두 포함하는 것이어야 한다는 아이디어를 나타낸다. 그러나 듀이가 보기에 아리스토텔레스의 이러한 생각은 덕과 미를 산술적으로 합쳐 놓은 것이 온전한 덕이나 온전한 미라는 연상을 불러일으킬 수 있으며, 그만큼 그 생각은 비록 접근 방식에서는 옳지만 불완전하다. 그리하여 듀이는 아리스토텔레스의 그 개념을 수학적 의미에서의 평균을 의미하는 것이 아니라는 점을 분명히 지적하면서, 그의 접근 방식을 받아들이게 된다. '경험이 그 자체의 완결점을 향하여 나아갈 경우에 그 경험 속에 들어 있는 특징을 가리킨다.'는 비례중항에 대한 듀이의 생각은 여기서 도출된 것이다.

듀이가 비례중항이라는 아리스토텔레스의 개념을 통해서 드러내려고 하는 것이 아이스테티카의 성격이라는 점은 지적할 필요조차 없다. 온전한 의미에서 미적인 것으로서의 아이스테티카는 미적인 것과 지적인 것 그리고 실제적인 것 등을 산술적으로 합쳐 놓은 것일 수 없으며, 그것은 경험이 그 자체의 완결점을 향하여 나아갈 때 그 속에 포함되어 있는 특징이라는 것이 듀이의 생각이다. 듀이의 이 생각에서 후반부는 경험과 아이스테티카의 관련을 지적하고 있다는 점에서 '아이스테티카는 경험을 하나로 통합된 완전한 것으로 만든다.' 라든가, '아이스테티카가 없을 경우에 경험은 통일성을 갖출 수 없다.' 라는 앞서 제시한 듀이의 말을 해석하는 단서가 되지만, 그 해석을 위해서는 먼저 아이스테티카의 성격을 지적하는 전반부를 분명하게 해명하지 않으면 안 된다.

앞서 지적한 바와 같이 아이스테티카는 지적인 것이나 실제적인 것

등과 대립되는 것이 아니다. 비례중항이라는 아이디어에 비추어 보다 적극적으로 말하면, 아이스테티카 속에는 그 모든 특징이 하나도 빠짐없이 모두 포함되어 있다. 그럼에도 불구하고 아이스테티카는 그 모든 특징을 산술적으로 합쳐 놓은 것일 수 없다. 말하자면, 아이스테티카는 우리가 품을 수 있는 모든 특징을 포함하고 있지만, 그것을 이루는 각각의 특징들은 그 속에서 우리에게 파악되는 것과 같이 따로 떨어져서 별도의 공간을 차지하고 있을 수 없다. 아이스테티카가 이러한 특징을 나타낼 수 있는 유일한 방식은 그 속에 모든 특징을 아무런 구분이 없는 형태로 한꺼번에 압축하고 있는 그런 방식이다. 비유적으로 말하면, 아이스테티카는 각각의 특징을 쪼개어 형체를 알아볼 수 없는 가루로 만들고, 다시 그 가루를 모두 한곳에 넣어 반죽을 한 것과 같다. 그리하여 아이스테티카라는 말로 지칭되는 것이 있다면, 그 속에는 그것을 이루는 각각의 특징이 원래의 성격을 그대로 유지한 채로 특정한 공간을 차지하고 있다기보다는, 원래의 특징을 잃어버린 형태로 한꺼번에 녹아들어 있다고 말할 수 있다.[7)]

사실상 아이스테티카가 다른 여러 가지 특징과 완전히 다른 것이라면, 그것은 오직 예술적 경험 속에 들어 있을 수밖에 없다. 바꾸어 말

---

7) 쉴러의 『인간의 미적 교육에 관한 편지』의 유명한 영문 번역자로 알려져 있는 윌킨슨과 그의 동료에 따르면, 바움가르텐이라는 사람이 『아이스테티카』라는 저서에서 아이스테티카라는 용어를 최초로 사용했을 때 그 단어는 느낌이나 감각을 뜻하는 희랍어 단어인 'aisthesia'와 관련된 것으로 생각되었다. 그러나 바움가르텐이 그 저서에서 하려고 했던 것은 그 당시에 사고 혹은 지각의 표준적인 양식으로 되어 있던 분석적 · 이성적인 양식 이외에, 그것에 대하여 대안적인 사고의 양식 혹은 지각의 양식이 있다는 것을 주장하는 것이었다. 바움가르텐은 그것을 데카르트가 말한 '명징한'(clear and distinct) 양식에 대비된다는 뜻에서 '융합된'(confused) 양식이라고 불렀다(Wilkinson & Willoughby, 1967: xxi). 듀이가 예술에 관한 쉴러의 아이디어를 언급하는 것을 보면(AE: 281), 그 역시 아이스테티카가 융합된 것이라는 미학의 사고방식을 받아들이고 있는 것으로 생각된다.

하면, 아이스테티카는 그것이 모든 경험 속에 들어 있다는 바로 그 점에서 이와 같이 모든 특징을 무형태로 압축하고 있는 통합된 것이라고 보지 않으면 안 된다. 듀이가 설명하고 있는 '편재성' (pervasiveness)은 아이스테티카의 이러한 존재 방식을 가리키는 것으로 보아도 좋을 것이다. 우리에게 지적인 것이나 실제적인 것으로 파악되는 것은 이와 같이 순전히 지적인 것도 아니요, 실제적인 것도 아닌 것을 지적인 측면이나 실제적인 측면에서 파악하는 것, 또는 순전히 지적인 것도 아니요, 실제적인 것도 아닌 것이 지적인 장면이나 실제적인 장면에서 드러나는 것이라고 말할 수 있다. 듀이가 아이스테티카에 대하여 '직접적' (direct, immediate)이라는 형용사를 붙이는 것은 지적인 것이나 실제적인 것이 우리의 개념에 의하여 파악되는 것임에 비하여, 아이스테티카는 그러한 개념이 적용되기 이전의 것이라는 뜻으로 받아들일 수 있으며, 이 점에서 그것은 우리의 인식을 벗어나 있다고 말할 수 있다.

아이스테티카가 나타내는 이러한 성격을 감안하면 '아이스테티카는 경험을 하나로 통합된 완전한 것으로 만든다.' 든가 '아이스테티카가 없을 경우에 경험은 통일성을 갖출 수 없다.' 는 뜻으로 해석되는 듀이의 말은 그다지 어렵지 않게 받아들일 수 있다. 논리적으로 말하여 아이스테티카 그 자체가 모든 것을 통합하고 있는 완벽한 것이 아니라면, 그것이 경험을 통합되고 완전한 것으로 만든다는 것은 원칙상 불가능하다. 경험이 그 자체의 완결점을 향하여 나아간다는 듀이의 말은 이와 같이 아이스테티카에 의하여 그것이 통합되고 완전한 것으로 된다는 뜻으로 받아들일 수 있다. 경험이 통일성을 갖게 된다는 말은 이 점에 대한 부언으로 생각된다. 경험을 이와 같은 성격의 것으로 만들기 위해서는 그 속에 아이스테티카가 포함되어 있어야 한다는 것은 말할 필요조차 없다. 그리하여 경험이 그 자체의 완결점을 향하여 나아가는 그 속에 포함되어 있는 특징이 아이스테티카라는 듀이의 지적은 아이스테티카의 성격에서 비롯되는 당연한 말이 된다.

그러나 아이스테티카의 성격에 관한 듀이의 이러한 생각 속에는 그것이 경험을 완전하고 통합된 것으로 만드는 사실적 과정이 나타나 있지 않으며, 이 점에서 그 사실적 과정을 제시하라는 요구가 제기될 수 있다. 사실상 이 요구를 정당하게 받아들이지 않는 한, 1절에 제기된 듀이가 경험의 목적으로 제시하는 성장이 정확하게 무엇을 가리키는가 하는 질문에 대답할 수 없거나, 대답한다 하더라도 우연적인 것에 지나지 않는 것으로 된다. 그러므로 그 요구에 부응하는 것은 듀이의 철학을 온전하게 이해하는 데에 필수적인 것으로 되지만, 그 일은 3절로 미루고 이하에서는 먼저 듀이의 예술이론에 등장하는 여러 가지 중요한 개념을 아이스테티카의 성격과 관련해서 해석함으로써 그의 예술이론이 경험이론의 어떤 측면을 부각시키는지를 드러내고자 한다.

듀이는 아이스테티카를 설명하는 과정에서 그것과 관련된 다양한 개념을 도입한다. 그중에서도 '질성'(質性)과 '정서'(情緖)는 그 대표적인 개념에 해당한다. 먼저 질성이라는 개념은 하나의 사물이나 대상이 다른 것과 따로 떨어져서 별도로 존재하는 것이 아니라는 점을 부각시키기 위하여 마련된 것이다(박철홍, 1994b: 82). 경험의 한 부분을 이루는 사물이나 대상 치고 그 속에는 질성을 갖추고 있지 않은 것은 하나도 없으며, 일체의 사물이나 대상은 그 속에 들어 있는 질성에 의하여 하나로 연결되어 있다는 것이 듀이의 견해다. 듀이의 다음과 같은 말은 이 점을 염두에 두고 제시한 것으로 생각된다.

> 경험은 그것이 아무리 보잘 것 없는 것이라 하더라도, 무한한 총체적 배경을 가지고 있다. 사물 혹은 대상은 무한히 뻗어 나가는 그 전체 속에서 현재의 초점을 제공할 뿐이다. 이 전체는 (우리에게 주어져 있는) 개별적인 대상과 (그것이 나타내는) 구체적인 성질이나 특성에 의하여 (그 존재가) 드러나고 확인되는 질적 '배경'이다(AE: 193).

위의 인용문에 따르면, 경험은 그것이 어떤 것이든지 간에 질적 배경을 가지고 있다. 경험이 근거하고 있는 이 질적 배경은 우리에게 인식되는 대상의 구체적인 성질이나 특성 그 자체가 아니라 그것에 의하여 확인되는 것이다. 그 질적 배경이 개별적인 대상이 나타내는 구체적인 성질이나 특성에 의하여 확인되는 이상 우리가 접하는 개별적인 대상 속에는 그 질성이 들어 있으며, 질성은 바로 그 개별적 대상으로부터 추론해 낸 것이라는 사실 또한 받아들이지 않으면 안 된다. 그리고 경험의 대상 속에 들어 있는 것으로 추론되는 그 질성은 모든 경험의 배경이 된다는 바로 그 점에서 경험의 대상이 어떤 것이든지 간에 동일한 것일 수밖에 없다. 바꾸어 말하면, 각각의 대상은 그것이 어떤 것이든지 간에 공통된 질성을 배경으로 갖추고 있는 셈이다. 그러므로 질성은 우리에게 인식되는 것과 같은 특정한 성질이나 특성으로 규정될 수 없다(박철홍, 1993: 309). 차라리 질성 속에는 우리에게 인식되는 모든 성질이나 특성이 아무런 구분이 없는 형태로 한꺼번에 압축되어 있다고 말하는 편이 정확하다. 한마디로 말하면, 질성은 어떤 특정한 특징이나 성질로 규정되지 않는 미결정의 배경인 셈이다(AE: 195). 경험의 배경으로서의 질성이 총체성을 띤다거나 전체성을 나타낸다는 듀이의 말은 이런 뜻으로 받아들일 수 있으며, 사물이나 대상 속에는 그러한 질성이 들어 있기 때문에 각각의 사물이나 대상은 따로 떨어져서 별도로 존재하는 것이 아닌 것으로 된다.

질성이 이와 같이 일체의 성질이나 특성을 아무런 구분이 없는 형태로 한꺼번에 압축하고 있다는 말은 당장 앞서 나타난 아이스테티카를 연상시킨다. 아닌 게 아니라 아이스테티카와 질성은 일체의 것을 무형태로 압축하고 있다는 바로 그 점에서 결코 다른 것일 수 없다(박철홍, 1994b: 82). 사실상 우리가 파악하는 다양한 형태의 구분은 주체와 대상의 구분에 원천을 두고 있으며,[8] 이 점에서 그 구분이 없다는 말은 대상 간의 구분은 물론이고 그것이 원천을 두고 있는 주체와 대상의 구분도 없다는 것을 뜻한다. 그러므로 아이스테티카와 질성이 모든 것을 아무런 구분이 없는 형태로 한꺼번에 압축하고 있다는 말은 그것이 주체와 대상이라는 원천적 구분을 비롯하여 그것에 의하여 생겨나는 일체의 구분을 벗어나 있다는 뜻으로 읽어야 한다.

만일 그와 같이 모든 것을 아무런 구분이 없는 형태로 한꺼번에 압축하고 있는 것이 있다면, 그것은 일체의 구분을 벗어나 있다는 점에서 순전히 주체도 아니요, 대상도 아니다. 그렇기는 해도 그 속에는

8) 불교의 인식론에 등장하는 다음의 명구는 이 점을 여실하게 보여 준다. "마음이 생기면 모든 사물이 생기며, 마음이 없어지면 모든 사물이 없어진다(心生 則種種法生 心滅 則種種法滅, 「大乘起信論」 28)." 이 명구에 등장하는 '마음'은 바깥에 있는 대상을 대면하고 있는 주체를 가리킨다. 그러므로 '마음이 생긴다(心生).'는 말과 '마음이 없어진다(心滅).'는 말은 각각 '주체와 대상의 구분이 나타난다.'는 뜻과 '주체와 대상의 구분이 사라진다.'는 뜻으로 읽을 수 있다. '모든 사물이 생겨난다(種種法生).'는 말과 '모든 사물이 없어진다(種種法滅).'는 말은 또한 '세계 속에 포함된 대상이 우리에게 인식된다.'는 뜻과 '인식이라고 할 만한 것이 있을 수 없다.'는 뜻으로 받아들일 수 있다. 그리하여 위의 명구는 대상에 대한 우리의 인식이 주체의 존재에서 비롯되는 주체와 대상의 구분으로부터 일어나며, 그 구분이 사라질 경우에 인식이라고 할 만한 것이 있을 수 없다는 말을 불교 특유의 어법으로 기술한 것으로 받아들일 수 있다.

모든 것이 한꺼번에 압축되어 있다는 점에서 보면, 그것은 주체라고 불러도 좋고 대상이라고 불러도 좋다. 아이스테티카는 모든 것을 무형태로 압축하고 있는 그런 것을 전체적으로 일컫는 총칭이라고 말할 수 있다. 그리고 질성은 바로 그것을 사물이나 대상에 거점을 두고 부르는 이름이라고 말할 수 있다. 그러므로 질성은 아이스테티카와 마찬가지로 편재적 성격을 띨 수밖에 없으며, 상황 속에 들어 있는 각각의 대상은 바로 이 편재적 질성에 의하여 그 성격을 부여받는다.

물론, 거점을 주체로 옮겨 놓고 아이스테티카를 파악하는 것도 가능할 것이다. 듀이의 예술이론에서 그것에 해당하는 개념을 찾는다면, 그것은 다름 아니라 '정서'일 것이다. 듀이가 염두에 두고 있는 '정서'는 우리가 일상적으로 가지게 되는 개별적인 느낌으로서의 정서와 완전히 다른 것은 아니라 하더라도 결코 그것과 동일한 것일 수 없다. 차라리 그것은 우리가 시시각각 의식하는 정서가 아니라, 그러한 의식을 가능하게 하는 그것의 원천에 해당한다고 말하는 편이 옳다. 듀이의 말을 통해서 정서의 이러한 성격을 확인하기 이전에 먼저 정서라는 것이 경험의 주체가 갖추고 있는 모종의 실체라는 점을 확인할 필요가 있다.

정서는 특수한 경우를 제외하고는 그 자체로 존재할 수 없다. 대상 없이 떠도는 정서가 있다 하더라도 그것은 그러한 존재 방식에서 벗어나 자신이 안착할 모종의 대상을 찾게 되며, 자신이 안착할 실물이 없을 경우에 그것은 허구에 지나지 않는 것으로 된다. 정서는 확실히 자아에 속하는 것이다. 그렇기는 해도 정서가 속해 있는 자아는 하나의 지향점—당사자가 바라는 것일 수도 있고 그렇지 않은 것일 수도 있는 지향점—을 향하여 운동하는 사건 속에 들어와 있는 자아라고 보아야 한다(AE: 42).

듀이가 이와 같이 정서와 자아의 긴밀한 관련을 주장하는 것은 정서—정확하게 말하면, 아이스테티카를 주체의 측면에서 기술하는 개념으로서의 정서—가 개인을 초월해 있다는 전통철학의 견해를 염두에 둔 것으로 짐작된다. 즉, 듀이가 보기에 정서는 자아 또는 경험의 주체가 갖추고 있는 것이다. 그렇다고 해서 정서가 경험의 주체에 의하여 경험적으로 인식된다는 뜻은 아니다. 주체 속에 정서가 갖추어져 있다는 것은 마지막 문장에 시사되어 있는 바와 같이, 오직 주체가 특정한 지향점을 향하여 나아가기 위하여 참여하는 활동으로서의 경험을 분석한 결과로 확인될 뿐이다. 주체가 갖추고 있는 이러한 정서가 도대체 어떤 성격의 것인가 하는 것은 경험에서 정서의 역할에 관한 다음과 같은 듀이의 말을 통해서 확인할 수 있다.

정서는 경험이 일어나도록 하는 힘이요, 경험을 지속시키는 힘이다. 그것은 구미에 맞는 것을 선택하고 선택된 것에 대하여 자신의 색깔로 물들임으로써 따로 떨어져 있어서 유사성이 없는 것처럼 보이는 재료에 질적 통일성을 부여한다. 그리하여 그것은 경험 속에 들어 있는 다양한 요소를 가로질러 통일성을 불어넣게 된다. 경험은 바로 이 점 때문에 심미적 성격을 띤다(AE: 42).

정서의 성격에 관한 위의 말에서 당장 우리의 이목을 집중시키는 것은 정서가 대상을 비롯하여 경험 속에 들어 있는 다양한 요소에 질적 통일성을 부여한다는 것이다. 아이스테티카가 경험에 통일성을 부여한다는 앞의 지적에 비추어 보면, 정서의 역할에 관한 이러한 듀이의 견해는 정서가 원칙상 어떤 성격의 것인지를 보여 주는 것이나 다름없다. 즉, 정서가 아이스테티카와 마찬가지로 경험에 통일성을 부여한다면, 정서는 성격상 아이스테티카와 다른 것일 수 없다. 이 점에서 듀이가 염두에 두고 있는 정서는 우리가 시시각각 의식하는 다양한 개별적 정서일 수 없다. "경험은 정서적 성격을 띠는 것이기는 하지만, 경험 속에는 정서라고 부를 만한 개별적인 정서는 존재하지 않는다."는 것이다(AE: 42). 그러므로 정서는 우리에게 의식되는 모든 개별적 정서를 아무런 구분이 없는 형태로 한꺼번에 압축하고 있다고 말할 수 있다.

경험의 주체가 갖추고 있는 정서는 이와 같이 아이스테티카와 다르지 않다는 바로 그 점에서 질성과도 다른 것일 수 없다. 한마디로 말하면, 아이스테티카와 대상의 총체적 배경으로서의 질성과 경험의 주체가 갖추고 있는 정서는 그 실체에 있어서 결코 다른 것일 수 없다. 단지 질성이 아이스테티카를 대상의 측면에서 기술하는 것이라면, 정서는 그것을 주체의 측면에서 기술하는 것일 뿐이다. 교변작용의 한 측면인 주체는 아이스테티카를 정서의 형태로 갖추고 있으며, 그것의 다른 한 측면인 대상은 그것을 질성의 형태로 갖추고 있다는 것이다. 이와 같이 경험 속에 들어 있는 주체와 대상은 각각 정서와 질성의 형태로 기술되는 아이스테티카에 의하여 하나로 연결되어 있으며, 주체와 대상의 교변작용은 그것을 통로로 하여 이루어진다고 말할 수 있다. '정서는 경험이 일어나도록 하는 힘이요, 경험을 지속시키는 힘이다.'라는 듀이의 말은 주체와 대상의 교변작용이 아이스테티카를 통로로 하여 이루어진다는 말을 주체의 측면에서 되풀이하여 말한 것으로 받아들일 수 있다.

이상에서 고찰한 듀이의 예술이론이 경험이론의 어떤 측면을 부각시키는가 하는 것은 단도직입적으로 말하여 명확하다. 그의 예술이론은 교변작용의 두 측면으로서의 주체와 대상이 각각 정서와 질성의 형태로 갖추고 있는 아이스테티카로 연결되어 있다는 것을 중요한 아이디어로 삼고 있다. 그래서 그 이론은 무엇보다도 앞서 1절에 등장하는 연속성이라는 개념을 가장 세부적인 수준에서 설명하기 위하여 마련되었다고 말해도 전혀 틀리지 않는다. 사실상 주체와 대상이 하나로 연결되어 있다는 주장은, 비록 그릇된 것은 아니라 하더라도, 선언적 성격을 띠는 것일 수밖에 없다. 다시 말하면, 경험이론에 등장하는 연속성이라는 개념 그 자체는 교변작용 속에 들어 있는 주체와 대상이 어떻게 관련을 맺고 있는지를 설명하는 것이 아니라, 그 용어를 빌어 이들 양자의 긴밀한 관련을 최종적으로 기술하는 것이다. 그러므로 연속성이라는 개념을 접하는 대부분의 사람은 거의 즉각적으로 어떻게 주체와 대상이 연결되어 있다고 말할 수 있는가 하는 질문을 제기하게 된다.

듀이의 예술이론에 관한 앞의 고찰이 틀린 것이 아니라면, 그는 경험이론을 집필하는 내내 이 질문을 염두에 두고 있었다고 보아야 한다. 그리고 그가 예술이론에 천착하면서 품고 있었던 중요한 관심사 중의 한 가지는 바로 그 질문에 대한 대답을 제시하는 데에 있었다고 말할 수 있다. 누구든지 간에 그 질문에 대한 대답을 제시하는 유일한 방식은 선언적 개념으로서의 연속성에 구체적인 내용을 부여하는 것뿐이다. 그리하여 듀이는 그 내용을 아이스테티카에서 찾고, 교변작용의 두 측면으로서의 주체와 대상은 아이스테티카라는 동일한 실체를 각각 정서와 질성의 형태로 갖추고 있다고 주장하게 된다. 비유적으로 말하면, 듀이의 예술이론은 교변작용이라는 평면의 좌우에 횡적으로 위치하는 주체와 대상이 하나로 연결되어 있으며, 교변작용이 일어나기 위해서는 이와 같이 주체와 대상이 연속성을 나타낸다고 보지 않으면 안 된다는 점을 부각시키기 위하여 마련된 것이다. 결국 듀이의 예술이론은 주체와 대상 사이에 엄연히 일어나고 있는 교변작용의 횡적 측면을 분명하게 보여 주기 위한 이론적 방안이라고 말할 수 있다.

3. 교변작용의 종교적 측면

듀이의 경험이론은 1절에서 고찰한 바와 같이 주체와 대상 사이에 일어나는 교변작용을 설명하는 이론이다. 그러므로 주체와 대상의 교변작용이 어떻게 일어날 수 있는가 하는 질문과 더불어, 그 교변작용이 그것에 참여하는 주체를 어떻게 변화시키는가 하는 질문에 대한 대답을 제시하는 것은 듀이의 경험이론을 온전하게 이해하는 데에 필수적으로 요청된다. 주체와 대상의 연속성을 묻는 전자의 질문이 '교변작용의 횡적 측면을 드러내라.'는 요구라면, 후자의 질문은 그 교변작용이 지향하는 목적을 묻는다는 점에서 그것과 대비하여 '교변작용의 종적 측면을 드러내라.'는 요구라고 말할 수 있다.

듀이의 경험이론을 온전하게 이해하기 위해서 대답하지 않으면 안 되는 이러한 두 가지 질문은 엄밀한 계열성을 따르고 있다. 즉, 교변작용의 종적 측면을 묻는 후자의 질문은 그것의 횡적 측면을 묻는 전자의 질문이 대답되지 않을 경우에 도저히 대답될 수 없다. 후자의 질문에 대한 대답이 압축적으로 들어 있는 "신앙의 일반적 성격"이라는 듀이의 후기 저서가 전자의 질문에 대답하기 위하여 저술된 "경험으로서의 예술"과 거의 동일한 시기에 저술되었다는 것은 이 점에서 결코 우연의 일치일 수 없다. 이하 3절은 앞서 살펴본 듀이의 예술이론에 기초하여 종교이론에 시사되어 있는 교변작용의 종적 측면을 드러내는 데에 할애된다. 주체와 대상의 교변작용과 자아의 관련에 관한 다음과 같은 듀이의 말은 그것을 드러내는 데에 좋은 출발점이 될 수 있다.

> 경험에 포함되어 있는 예술적 측면은 자아의 필수적인 조건과 개인이 나타내는 특성으로서의 자발성과 참신성을 뭉개어 하나로 융합시킨다. 개인 속에 갖추어져 있는 특성 그 자체는 성격상 잠재적인 것으로서 오직 (주체가 자신을 둘러싸고 있는) 환경적 조건과의 상호작용에 의하여 실현된다. (우리에게 갖추어져 있는) 선천적 능력은 비록 그 속에 독특한 요소를 담고 있다 하더라도 이 교섭 과정에서 변형되며, 자아는 그 결과로 형성된다. 다시 말하면, 자아가 어떤 성격의 것인가는 저항을 극복하는 과정에서 확인되는 것이다. 자아는 환경과의 상호작용에 의하여 형성되어 우리의 의식 속에 안착하게 된다(AE: 281-282).

앞 절에서 지적한 바와 같이, 경험의 예술적 측면으로서의 아이스테티카는 모든 것을 무형태로 압축하고 있으며, 경험의 주체는 그것을 정서의 형태로 갖추고 있다. 위의 인용문에는 경험의 주체가 갖추고 있는 바로 그 아이스테티카로서의 정서가 선천적인 것이라는 점 그리고 그가 선천적으로 부여받은 정서는 그를 둘러싼 대상과의 교변작용에 의하여 자아로 실현된다는 점이 시사되어 있다. 여기서 경험의 주체가 선천적으로 갖추고 있는 정서가 자아로 실현된다는 말은 정서와 자아가 그 실체에 있어서 다르지 않다는 뜻을 나타낸다. 왜냐하면, 정서가 자아와 상이한 실체를 가리킬 경우에 그것이 자아로 실현된다는 것은 원칙상 불가능하기 때문이다. 그런데 이와 같이 경험의 주체가 자아를 이미 정서의 형태로 갖추고 있다면, 다시 자아를 실현하기 위하여 교변작용을 해야 할 필요가 없지 않는가 하는 반론이 제기될 수 있다.

경험의 주체가 정서를 '잠재적인' 형태로 갖추고 있다는 말은 그 반론에 대한 해명을 제시하는 일과 관련하여 중요성을 띤다. 정서가 잠재적인 성격을 띤다는 것은 비록 그것을 갖추고 있다 하더라도 그것이 그에게 인식되지 않는다는 뜻으로 읽을 수 있다. 즉, 경험의 주체가 정서를 선천적으로 갖추고 있다는 것은 받아들이지 않으면 안 되지만, '정서를 갖추고 있다.'는 말은 경험의 주체가 아니라 경험을 분석하는 바깥 사람에게 의미 있는 말이다. 경험의 주체에 거점을 두고 말하면, 그 말은 교변작용의 불필요성을 지적하는 근거가 아니라 오직 교변작용의 가능성을 지적하기 위한 것으로 받아들여야 한다. 그러므로 경험의 주체는 비록 정서를 갖추고 있다 하더라도 자아를 실현하기 위하여 자신을 둘러싼 대상과의 교변작용에 참여하지 않으면 안 된다. 차라리 그는 이미 자아를 정서의 형태로 갖추고 있기 때문에 교변작용을 통해서 자아를 실현할 수 있다고 말하는 편이 옳다.

위의 인용문은 교변작용에 의하여 자아가 실현된다는 바로 이 주장으로 말미암아 한 가지 근본적인 질문을 불러일으킨다. 그것은 교변작용에 의하여 실현되는 자아라는 것이 도대체 어떤 성격의 것인가 하는 것이다. 이 질문에 대답하기 위해서는 다시 2절의 논의로 되돌아갈 필요가 있다. 주체와 대상 사이에 일어나는 교변작용은 앞 절에서 지적한 바와 같이 이들 양자가 정서와 질성이라는 형태로 갖추고 있는 아이스테티카에 기반을 두고 있다. 이와 같이 교변작용의 두 측면으로서의 주체와 대상이 아이스테티카를 각각 정서와 질성의 형태로 갖추고 있다는 것은 그 질문에 대한 대답을 제시하는 데에 중요한 단서를 제공한다. 교변작용에 의하여 실현되는 자아의 성격이 필연성을 띨 수 있는 유일한 방식은 그것을 교변작용 속에 들어 있는 요소들로부터 추론해 낼 수밖에 없기 때문이다(박철홍, 1994b: 77). 경험의 목표에 관한 다음과 같은 듀이의 말은 교변작용 속에 들어 있는 요소들로부터 추론되는 자아가 어떤 성격의 것인지를 짐작할 수 있게 해 준다.

> 경험의 구체적인 목표는 그것이 겨냥하는 다양한 결과가 생겨나는 무한히 넓은 맥락에 대한 느낌을 배경으로 하며, 이 맥락에 대한 느낌은 지금 진행 중인 활동의 의미 속으로 침투하게 된다. 일단 목표가 선정되고 나면, 그 목표는 전체 장의 중심에 위치하게 되며, 이 점에서 그것은 구체적인 행위의 축이 된다. 그 행위는 그 축을 떠받치고 있는, 명확하게 식별되지도 구분되지도 않는 희미한 전체로서의 배경으로 무한히 뻗어 나간다(HNC: 179–180).

듀이가 지적하고 있는 바와 같이, 경험의 주체는 언제나 그것을 통해서 성취하려고 하는 모종의 구체적인 목표를 가지고 있기 마련이며, 그가 참여하고 있는 활동의 초점은 바로 그 목표에서 비롯된 것이라고 말할 수 있다. 그렇기는 해도 지금 진행 중인 활동의 초점 또는 현재 참여하고 있는 경험에 부여된 구체적인 목표가 교변작용의 궁극적 목적이라고는 말할 수 없다. 바꾸어 말하면, 경험의 궁극적인 목적은 비록 현재의 경험에 부여된 구체적인 목표와 완전히 다른 것은 아니라 하더라도, 그 목표와는 엄격하게 구분된다. '그 행위는 그 축을 떠받치고 있는, 명확하게 식별되지도 구분되지도 않는 희미한 전체로서의 배경으로 무한히 뻗어 나간다.'는 마지막 문장은 이 점을 여실하게 보여 주고 있다. 말하자면, 현재의 경험에 부여된 구체적인 목표는 명확하게 식별되지도 구분되지도 않는 희미한 전체를 배경으로 하고 있으며, 그 전체로서의 배경은 현재의 경험이 궁극적으로 지향하는 목적이 된다.

경험을 통해서 이르게 되는 궁극적인 목적이 어떤 성격의 것인가는 그것이 '명확하게 식별되지도 구분되지도 않는 희미한 전체적 배경'이라는 말 속에 거의 명시되어 있다. 경험의 궁극적인 목적과 관련된 듀이의 이 말은 당장 2절에서 나타난 질성이라는 개념을 떠올리게 만들기 때문이다. 질성은 이미 지적한 바와 같이, 경험이 딛고 있는 무한한 총체적 배경을 가리키는 개념이다(AE: 193). 듀이의 그 말은 이 점에서 그가 염두에 두고 있는 경험의 궁극적인 목적이 질성—그것을 주체의 측면에서 규정하는 개념인 정서 혹은 이들 양자를 포괄하는 개념인 아이스테티카—을 획득하는 데에 있다고 말하는 것이나 다름없다(박철홍, 1994b: 83).

이하에서 드러날 바와 같이, 듀이는 교변작용의 궁극적인 목적으로서의 아이스테티카—그것을 상이한 측면에서 지적하는 질성과 정서—가 이상적인 성격을 띤다는 점을 부각시키기 위하여 그것을 '우주'라는 형이상학적 개념으로 바꾸어 기술하고, 그것이 교변작용의 궁극적 목적에 해당한다는 점을 부각시키기 위하여 다시 '신'이라는 종교적 개념을 차용하게 된다. 우주는 그 용어의 일상적인 어법이 시사하는 바와 같이, 우리가 나타내는 모든 생각과 말과 행동을 비롯하여 우리가 접하게 되는 일체의 대상을 포함하고 있는 그런 것이다. 그러므로 그것은 원칙상 바깥이라는 것이 있을 수 없으며, 이 점에서 그것을 넘어선 세계라는 것은 도대체 있을 수 없다. 듀이의 종교이론에 등장하는 우주라는 용어는 이와 같이 총체를 지적하는 개념이다(CF: 18).

사실상 우리에게 주어져 있는 것 중에서 우주와 같이 모든 것을 한꺼번에 포함하고 있는 그런 것은 있을 수 없다. 만일 그런 것이 있다면, 그것은 우리에게 주어져 있는 것으로부터 추론되는 것일 수밖에 없으며, 이 점에서 우주는 관념적 성격을 띨 수밖에 없다(박철홍, 1994b: 77). 우주가 이상적인 것이 될 수 있는 것은 이와 같이 그것이 관념적 성격을 띠는 것이기 때문이다. 이 점은 우리에게 주어져 있는 것이 어떤 것인지를 생각해 보면 어렵지 않게 알 수 있다. 우리에게 주어져 있는 것은 그것이 어떤 것이든지 간에 다른 것과 동일한 평면 위에 늘어서 있을 수밖에 없다. 그러므로 우리에게 주어져 있는 것 중의 어떤 것도 다른 것에 비하여 우위에 있을 수 없으며, 이 점에서 그 어떤 것도 다른 모든 것의 표준이나 이상이라고 말할 이유가 없다. 그리하여 우주는 우리에게 주어져 있는 것과 상이한 평면 위에 있으면서, 그 모든 것을 한꺼번에 포함하고 있는 것으로 추론되는 그것의 가장 순수한 표준으로 파악되지 않으면 안 된다.

듀이는 우리에게 주어져 있는 것으로부터 추론되는 그것의 이상적인 표준으로서의 우주를 다시 목적이라는 용어로 기술하게 된다. 듀이의 종교이론에 등장하는 '신'이라는 개념이 바로 그것이다.[9] 즉, 신이라는 용어는 교변작용에 의하여 도달하게 되는 궁극적인 목적을 가리키는 대표적인 개념에 해당한다(CF: 42). 흔히 신은 모든 것을 생성해 내는 궁극적 존재로 생각된다. 듀이가 사용하는 용어로 말하면, 우리가 나타내는 생각과 말과 행동을 비롯하여 우리가 접하는 모든 것은 우주를 표준으로 삼고 있으며, 우주를 표준으로 삼고 있는 그 모든 것은 신에 의하여 창조된 것이다. 그러므로 신은 우리가 접하는 모든 것을 한꺼번에 압축하고 있는 이상적인 존재요, 그 모든 것으로 될 수 있는 가능성을 품고 있는 원초적 존재라고 말할 수 있다. 듀이가 염두에 두고 있는 신은 그것이 그러한 용어로 지칭되는 한 이와 같은 속성을 고스란히 갖추고 있을 수밖에 없다. 단지 특정한 종교의 신자들에 의하여 파악되는 신이 믿음의 대상으로 상정되는 존재라면,[10] 듀이가 내세우는 신은 교변작용과 무관하게 또는 그것에 앞서 존재하는 믿음의 대상이라기보다는 교변작용에 의하여 그 존재와 작용이 확인되는 것이라고 말할 수 있다(박철홍, 1994b: 74). 그리하여 교변작용을 통해

9) 듀이의 이론체제 내에서 '성장'이라는 용어는 경험의 목적을 나타내는 대표적인 개념에 해당한다. 그러나 그 개념은 1절 말미에서 지적한 바와 같이 소극적 성격을 띤다는 점에서 경험의 목적으로서 불완전하다고 말할 수 있다. 듀이가 후기에 와서 경험 또는 교변작용의 목적을 이와 같이 신이라는 적극적인 개념으로 규정하는 것은 성장이라는 용어가 나타내는 그러한 불완전성을 극복하기 위한 것으로 짐작된다. 이 점에 관해서는 4장 1절에서 보다 자세하게 논의될 것이다.

10) 종교는 그것이 어떤 유형의 것이든지 간에 절대적 존재로서의 신을 상정하지 않으면 성립하지 않는다. 보다 적극적으로 말하면 종교는 오직 신에 대한 믿음에서 시작되며, 신에 대한 믿음은 종교가 시작되기 위한 조건이 된다.

서 도달하게 되는 궁극적인 목적으로서의 신은 단순히 관념의 조작을 통해서 임의적으로 만들어 낸 것이 아니라 실지로 일어나고 있는 교변작용 속에 엄연히 들어 있는 내재적 개념이요, 그것으로부터 이끌어 낸 필연적인 개념으로 된다(CF: 42–43).[11]

신은 이와 같이 교변작용으로부터 추론되는 것일 수밖에 없지만, 그렇다고 해서 그것을 순전히 가공의 것이라든지 환상에 지나지 않는 것이라고 생각하는 것은 그것에 대한 올바른 생각과는 거리가 멀다. 듀이가 보기에 신은 비록 추론되는 것이기는 하지만 교변작용 속에서 실지로 부정할 수 없는 힘을 발휘한다(CF: 44). 인간의 삶에 초점을 두고 말하면, 차라리 경험의 궁극적인 목적으로서의 신은 그것에 관한 통념이 보여 주는 바와 같이 우리의 일거수일투족을 내려다보면서 우리의 행동을 특정한 방향으로 이끌어 간다고 말하는 편이 옳다. 듀이의 다음과 같은 말은 이 점을 보여 주는 것으로 받아들일 수 있다.

> 우리의 운명을 (특정한 방향으로) 이끌어 가는 보이지 않는 손은 다름 아닌 이상적인 것이 발휘하는 힘이다. 모든 가능성은 그것이 가능성인 한 성격상 이상적인 것일 수밖에 없다. 예술가나 과학자나 시민이나 부모를 막론하고, 사람들은 모종의 소명의식을 가지고 그들이 해야 할 일을 수행할 경우에 바로 그 보이지 않는 손에 의하여 안내된다. 더 나은 것을 추구하려는 일체의 노력은 앞으로 성취될 가능성

11) 1절 말미에서 지적한 바와 같이, 듀이는 교변작용 또는 경험의 성격이 왜곡되는 사태를 염려하여 그것의 목적을 그 안에서 찾으려고 했다(DE: 60–61). 그리고 교변작용의 목적을 그것의 안에서 찾는다는 것은 다름 아닌 그것을 이루는 구성요소로부터 그것의 목적을 논리적으로 이끌어 낸다는 것을 뜻한다.

> 의 세계를 향한 신념에 바탕을 두고 있는 것이다. 신념이 나타내는 것과 같은 그러한 사람을 움직이는 힘은 지식, 즉 사람들이 이루려고 노력하는 사물이나 사태가 반드시 생기게 된다든가 실현될 것이라는 확실한 지식에 근거하고 있는 것은 아니다. 우리의 태도와 행위를 결정하는 목표의 궁극적인 권위나 (우리가) 그 목표에 대하여 헌신하고 충성하는 힘은 이상적인 것이 가지고 있는 본질적인 성격에 근거를 두고 있다. 그러므로 우리는 최선의 노력을 경주할 수는 있지만, 우리가 원하는 대로 그 결과가 이루어지는 것은 우리의 능력 밖의 일이다(CF: 23-4).

신은 앞서 지적한 바와 같이 우리가 접하는 모든 것을 한꺼번에 압축하고 있는 이상적인 존재요, 그 모든 것으로 될 수 있는 가능성을 원초적인 형태로 잉태하고 있는 존재다. 위의 인용문에 나타난 '이상적인 것' 혹은 '앞으로 성취될 가능성의 세계'라는 것은 이 점에서 신이라는 개념을 대신하여 교변작용의 궁극적 목적을 기술하는 용어라고 보아도 무방하다. 그리고 '보이지 않는 손'이라는 것은 이상적인 것이 발휘하는 힘이라는 말이 보여 주는 바와 같이, 명백히 신의 역동적 측면을 드러내기 위하여 그것을 의인화한 것으로 받아들일 수 있다.

보통의 경우에, 사람들은 더 나은 것을 성취하는 데에 요청되는 추진력을 자신이 나타낼 노력과 그 결과의 관련에 관한 지식에서 찾는다. 그러나 적어도 듀이가 보기에 그 추진력은 결코 그러한 지식에서 비롯되는 것이 아니며, 우리가 도달하게 되는 이상적인 상태 또한 오직 자신의 능력에 근거하고 있는 것이 아니다. 우리가 이상적인 것을 획득하거나 이상적인 상태에 도달하기 위해서는 모종의 소명의식을 가지고 최선의 노력을 경주하지 않으면 안 되지만, 그것의 성취 여부는 우리의 능력 밖의 일이다. 설령 그것을 성취했다 하더라도 그것은 오직 보이지 않는 손으로서의 신에 의하여 안내된 것일 뿐이다. 신은 모든 교변작용 속에서 힘을 발휘하며, 교변작용의 전 과정과 그것의 결과에 영향을 미친다(박철홍, 1994b: 88). 듀이의 말을 빌리면, '이상적인 것이 더 없이 가치롭다.' 라는 신념을 가지고 교변작용을 통해서 그 이상적인 것을 획득하는 데에 헌신하려는 태도는 신의 존재에 원천을 두고 있으며, 신의 근본적인 역할은 우리로 하여금 그러한 신념과 태도를 나타내도록 함으로써 우리를 이상적인 경지로 이끌어 가는 데에 있다.

듀이는 경험의 주체가 그러한 신념과 태도에 힘입어 도달하게 되는 이상적인 경지를 '가능성의 세계'라는 말로 기술하고 있다. 말할 필요도 없이 그 '가능성의 세계'가 현실과 동떨어진, 현실을 넘어선 초월적인 세계에 있다고 생각하면 그것은 흔히 기독교에서 말하는 신이 위치하는 세계, 더 정확하게는 신 그 자체에 해당한다. 그러나 듀이의 경험 개념에서 보면 가능성의 세계는 또한 현실의 세계와 분리될 수 없다. 가능성의 세계는 현실의 세계에 대한 동전의 양면과 같은 것이다. 엄격하게 말하면, 이들 양자는 따로 떨어져서 별도로 존재하는 것이 아니라 하나다. 그러므로 신은 이 세상, 현실의 세계에 있으면서 저 세상, 가능성의 세계에 있으며, 이 세상과 저 세상 모두 동시에 속해 있으면서 이 세상과 저 세상을 하나로 만들어 주는 그런 존재다. 따라서 신은 가능성의 세계와 현실의 세계를 균형 잡힌 상태로 관조할 때 또는 양자가 함께 통합되어 있는 삶을 응시할 때 대면하게 되는 것이다. 일방적으로 어느 한쪽만을 강조할 때에 신의 의미와 성격은 퇴색된다. 현실에 지나치게 매몰될 때에 신은 사라지며, 가능성의 세계로 지나치게 달려갈 때에 신은 관념화된다. 양자를 삶의 중심에서 균형 있게 붙잡을 수 있을 때 삶은 현실적인 고뇌와 고통을 응시하게 되는 동시에 생동감과 힘을 갖게 된다.

사실상 교변작용의 이상적인 경지로서의 가능성의 세계가 신과 동일한 것이 아니라면, 신이 이와 같이 삶에 대하여 영향력을 행사한다는 것, 즉 경험의 주체로 하여금 그러한 이상적인 세계로 이끌어 간다는 것은 원칙상 불가능하다. 교변작용의 궁극적 목적으로서의 신은 이 점에서 보이지 않는 가운데 주체와 대상의 교변작용이 자신을 향하여 나아가도록 이끄는 안내자의 역할을 수행한다고 말할 수 있다 (박철홍, 1994b: 84, 87).[12]

언뜻 보면, 신이 교변작용의 주체로 하여금 이상적인 경지인 자신을 향하여 이끌어 간다는 말은 신 혹은 그것이 가리키는 이상적인 경지가 교변작용의 주체의 바깥에 있어서, 그 주체가 신의 원조를 받아 그것을 획득한다거나 그 경지에 도달하게 된다는 뜻으로 해석될지 모른다. 그러나 신이 가리키는 이상적인 경지는 특정한 지리학적 위치가 아니며, 이 점에서 그러한 이상적인 경지에 도달한다는 것은 지리적 의미로서의 공간 이동으로 파악되어서는 안 된다. 바꾸어 말하면, 신은 교변작용의 주체와 동일한 모습으로 그의 바깥에 존재하는 것이 아니며, 더욱이 신을 주체의 안으로 이동시킨다는 것은 애당초 있을

12) 듀이에 따르면, 신이 교변작용에 참여하는 주체로 하여금 언제나 그러한 원조를 제공하는 것은 아니다. 신이 그와 같은 역할을 수행하는 데에는 주체의 호응이 필요하다. 듀이는 그 호응을 '소명의식'이나 '믿음과 태도'라는 말로 규정하고 있을 뿐, 그것이 정확하게 무엇을 가리키는가에 대해서는 별도의 설명을 덧붙이고 있지 않다. 이 점에 관해서는 별도의 지면을 빌려 고찰할 필요가 있다.

수 없는 일이다. 그리하여 교변작용을 통해서 신을 획득한다거나 그 이상적인 경지에 도달한다는 듀이의 생각은 문자 그대로 받아들일 수 있는 것이라기보다는 모종의 해명을 요청하는 것으로 된다. '감각'의 성격과 작용에 관한 다음과 같은 듀이의 말 속에는 그 생각에 대한 나름의 해명이 시사되어 있다.

> (모든) 경험 속에 두루 퍼져 있는 질성은 우리에게 파악되는 모든 요소, 즉 우리가 초점적으로 인식하고 있는 대상을 하나로 묶어서 전체로 만든다. 어딘가에 속해 있다고 말해도 무방하고 그렇지 않다고 말해도 무방한 우리의 감각, 정확하게 말하여 직접적인 감각이 사물을 끊임없이 감지한다는 사실은 질성이 그러한 역할을 수행한다는 사실을 보여 주는 명백한 증거가 된다. 어떤 특정한 고려사항이 현재 일어나고 있는 우리의 행동이나 생각과의 관련 여부를 확인하는 데에는 반성적 사고가 동원되겠지만, 사물에 대한 그러한 감각은 반성적 사고의 산물일 수 없다. 만일 그 감각이 직접적인 것이 아니라면, 우리의 반성적 사고를 이끄는 것은 아무것도 없기 때문이다. (사물의) 이면에 들어 있는 광범위한 전체를 감지하는 감각은 모든 경험(의미 있는 것으로 되는 그것)의 맥락이요, 온전한 정신의 본질에 해당한다. … 만일 특정한 것으로 규정되지 않는 미결정의 배경이 없다면, 어떤 대상이라도 경험 속에서 모순된 의미를 나타낼 수밖에 없다(AE: 194-195).

첫 문장에 나타난 '(모든) 경험 속에 두루 퍼져 있는 질성은 우리에게 파악되는 모든 요소, 즉 우리가 초점적으로 인식하고 있는 대상을 하나로 묶어서 전체로 만든다.'는 말은 질성이 모든 사물을 무형태로 한꺼번에 압축하고 있는 전체요, 교변작용의 배경이 된다는 2절의 지적을 부연하는 것으로 생각된다. 위의 인용문에는 이러한 교변작용의 배경으로서의 질성은 '감각'에 의하여 감지되는 것으로 기술되어 있다. 감각이 이와 같이 질성을 감지하는 능력을 가리킨다면, 그것은 성격상 질성과 마찬가지로 모든 것을 무형태로 압축하고 있는 것을 실체로 삼고 있을 수밖에 없다. 교변작용의 두 측면으로서의 주체와 대상이 아이스테티카라는 동일한 실체를 각각 정서와 질성의 형태로 갖추고 있다는 2절의 지적을 상기하면, 위에서 나타난 감각은 다름 아닌 정서를 가리킨다고 말해도 틀리지 않는다. 감각이 반성적 사고와는 달리 '직접적인 성격을 띤다.'는 말[13]이나 '어딘가에 속해 있다고 말해도 무방하고 그렇지 않다고 말해도 무방하다.'는 말은 이 점을 증거하는 것으로 받아들일 수 있다. 감각이 경험의 '미결정적 배경'에 해당한다는 듀이의 지적은 이 점에서 하등 이상할 것이 없다. 단지 정서가 아이스테티카를 질성과 대비하여 부르는 용어라면, 감각은 바로 그 정서의 동적 측면을 부각시키기 위하여 마련된 개념이라는 것이 이들 양자의 차이라고 말할 수 있을 뿐이다.

듀이는 아이스테티카를 정태적 수준에서 기술하는 정서 혹은 그것을 동태적 수준에서 기술하는 감각을 '온전한 마음의 본질' —즉, 마음의 본체—로 파악하고 있다. 우리의 마음속에는 그것의 본체로서

13) 듀이는 경험의 성격을 지적하는 장면에서 '하는 것'과 '당하는 것'의 관련이 사고에 의하여 파악된다고 주장한다. '사고'의 역할에 관한 듀이의 그러한 주장은 교변작용이 지식에 근거하여 이루어지는 것이 아니라는 그의 이러한 생각과 관련해서 새롭게 해석될 필요가 있다. 미리 앞당겨 말하면, 교변작용이 지식에 근거를 두고 있는 것이 아니라는 듀이의 주장은 사고가 순전히 지적 성격을 띠는 것이 아니라는 점을 보여 준다.

정서라는 것이 이미 갖추어져 있으며, 모든 사물 속에 붙박여 있는 질성은 마음의 본체로서의 정서가 감각의 형태로 운동함으로써 감지된다는 것이 듀이의 생각이다. 그러므로 신의 원조를 받아 교변작용의 이상적인 경지에 이르게 된다는 앞의 지적은 주체의 마음속에 그 실체에 있어서 신과 다르지 않은 정서가 그것의 본체로 갖추어져 있어서, 그 본체의 운동인 감각에 의하여 바로 그 본체로서의 정서 또는 신을 포착하게 된다는 뜻으로 읽을 수 있다. 보다 정확하게 말하면, 교변작용의 주체가 그것의 이상적인 경지로서의 신을 획득하게 된다는 말은 바깥에 있는 신이 안으로 들어온다는 뜻이 아니라, 그가 교변작용에 참여하는 과정에서 그것을 가능하게 하는 마음의 본체로서의 정서 혹은 신을 대면하고 확인하게 된다는 뜻을 나타낸다.

물론, 경험을 한다고 해서 누구나 어김없이 교변작용의 이상적인 경지로서의 신 또는 정서를 대면하게 되는 것은 아니다. 우리가 그것을 대면하기 위해서는 교변작용에 열정적으로 참여하지 않으면 안 된다. 그리고 그 열정은 교변작용의 주체로 하여금 이상적인 경지로 이끌어 간다는 바로 그 점에서 교변작용 속에서 작용하는 감각과 다른 것일 수 없다(HNC: 180). 듀이가 후기에 와서 부각시키고 있는 '하나의 경험'은 교변작용의 주체가 이와 같이 감각의 형태로 나타내는 강렬한 열정을 추진력으로 하여 그것의 이상적인 경지에 이르게 되는 완결된 경험을 가리킨다(박철홍, 1994: 89).

교변작용의 이상적인 경지를 주체의 측면에서 규정하는 자아실현이라는 개념은 바로 이 '하나의 경험'의 완결점과 다른 것일 수 없다. 듀이는 교변작용의 주체가 자아실현이라는 그것의 궁극적 목적에 이르는 과정, 즉 교변작용의 종적 측면에 관한 지금까지의 논의를 다음과 같이 요약하고 있다.

> 예술작품은 (그것을 구성하는 다양한 요소를) 전체로 통합시키면서 (그 모든 것이) 우주—우리의 삶이 영위되는 장으로서의 우주—라고 부를 수 있는, 그 어떤 것보다 크고 포괄적인 전체에 속하도록 만드는 것이 다름 아닌 질성이라는 사실을 여실하게 보여 준다. 이러한 사실에 근거하여 말하면, 우리가 대면하는 어떤 대상이 강렬한 심미적 경험을 제공할 경우에, 우리는 그 대상을 속속들이 분명하게 알고 있다는 느낌을 갖게 된다. 그 사실은 또한 강렬한 심미적 지각이 종교적 느낌을 수반한다는 점을 보여 준다. 즉, 우리는 우리의 일상적인 경험이 일어나는 세계를 넘어서 그 세계의 깊숙한 곳에 들어 있는 실재(實在)의 세계로 안내된다. 우리는 자신(의 현재 모습)의 저편에 있는 (진정한) 자아를 발견하게 된다. 만일 예술작품이 모든 정상적인 경험에 수반되는 무한한 전체를 한꺼번에 포착하는 바로 그 감각을 보다 더 심화시키고 명료화할 때에, 우리는 경험이 그 속성으로 담고 있는 그러한 심리적 과정을 파악하게 된다. 그리하여 그 전체는 우리의 자아가 확장되어 나가야 할 지향점으로 감지된다(AE: 195).

우리가 접하는 대상 속에 모든 대상을 미결정 상태로 압축하고 있는 질성이 들어 있다는 것은 누차 지적한 바 있다. 듀이의 종교이론에 등장하는 우주라는 개념은 바로 그 질성을 종교의 맥락에서 기술하는 것이다. 위의 인용문에 따르면, 예술 활동 속에서 전형적으로 나타나는 심미적 경험은 교변작용의 주체 속에 갖추어져 있는 감각을 일깨움으로써 바로 그 우주를 한꺼번에 포착하도록 만든다. 앞서 지적한 질성적 경험 또는 일차적 경험은 이와 같이 경험 속에 포함된 모든 것을 한꺼번에 감지하는 완결된 경험을 가리킨다.

듀이의 이론체계 내에서 감각에 의하여 포착되는 우주는 앞서 지적한 바와 같이 그 실체에 있어서 신과 다른 것일 수 없다.[14] 듀이는 경험의 완성단계에서 감지되는 우주 혹은 신이라는 존재론적 개념을 가치론적 측면에서 '실재' 라는 용어로 규정한다. 실재는 듀이가 지적하고 있는 바와 같이 우리가 영위하는 삶의 세계를 넘어서 그것의 가장 깊숙한 곳에 위치하는 것이다. 그리고 그것은 정서와 다르지 않다는 바로 그 점에서 우리에게 시시각각 의식되는 마음을 넘어서 그것의 핵심부에 자리 잡고 있는 마음의 본체라고 말할 수 있다. 이 마음의 본체는 감각의 형태로 힘을 발휘하게 되며, 교변작용의 주체는 그 힘에 의하여 마음의 본체와 다르지 않은 실재의 세계 또는 신의 경지, 즉 가치의 원천으로 안내된다. 자아는 바로 이 실재의 세계 또는 신의 경지로 안내된 결과로 실현되는 것이다. 결국, 교변작용은 그것에 참여하는 주체로 하여금 신 또는 실재가 가리키는 가치의 원천 또는 가치 그 자체로 나아가려는 열정을 불러일으킴으로써 자신 속에 이미 갖추어져 있는 가치의 원천으로서의 자아를 실현하도록 만드는 활동이라고 말할 수 있다.

---

14) 신 혹은 우주는 철학의 영역에서 널리 통용되고 있는 '실재' ―문자 그대로 '진짜 있는 것' 혹은 '가장 이상적인 것' ―와 결코 다른 것일 수 없다. 비록 그것의 형이상학적 설명 방식은 다르지만 이 세상 모든 경험, 또는 삶을 초월하는 영원불변하는 실재가 아니라 삶 속에서 파악되는 실재, 삶과 함께 변화 발전하는 실재다.

제3장

교변작용과 교과교육

진보주의 교육론자들은 듀이의 경험이론을 교육의 장면에서 실현한다는 미명하에 전통적 교육을 비판하고, 그것과는 다른 새로운 교육관을 제시하게 된다. 그들이 내세우는 대안적 교육은 전통적 교과를 경험으로 대치하고, 아동의 흥미를 교육의 방법적 원리로 내세우는 것으로 나타나게 된다. 그러나 듀이는 결코 전통적 교과를 부정한 것이 아니며, 아동의 흥미 그 자체를 방법적 원리로 내세우는 것도 아니다. 이러한 점에서 그들의 시도는 듀이의 비판을 받게 된다.

듀이가 진보주의 교육사조를 비판한다는 점에서 보면 그는 그가 비판한 전통적 교육에 한 걸음 다가서 있다고 말할 수 있다. 그러나 그렇다고 해서 그가 전통적 교육을 그대로 받아들였다고 생각하는 것은 잘못된 생각이다. 듀이가 전통적 교육을 설명하는 이론인 형식도야이론을 비판하고 있다는 것은 이 점을 여실하게 보여 준다. 듀이가 보기에, 진보주의 교육이 아동을 지나치게 강조한 나머지 교과의 중요성을 도외시했다면, 전통적 교육은 교과를 지나치게 중요시한 나머지 교육에서 아동의 위치를 과소평가하는 결과를 초래하였다. 듀이가 보기에는 전통적 교육과 진보주의 교육은 비록 교육에 관한 상이한 입장을 견지하고 있기는 하지만 아동과 교과를 동등하게 존중하지 않는다는 점에서 동일한 잘못을 저지르고 있다는 것이다.

듀이가 전통적 교육과 진보주의 교육을 이와 같이 동일한 근거에서 비판하고 있다는 것은 교육에서 아동과 교과가 차지하는 위치를 동등하게 존중하는 것이 교과교육에 관한 그의 입장이라는 것을 간접적으로 보여 주고 있다. 교과교육에 관한 이러한 그의 입장은 그가 내세우는 경험이론에서 비롯되는 필연적인 결과라고 말할 수 있다. 앞서 2장에서 고찰한 바와 같이 듀이의 경험이론은 주체와 대상의 교변작용으로 요약된다. 그러므로 그의 이론체계 내에서 주체와 분리된 대상이나 대상과 분리된 주체는 있을 수 없다. 주체와 대상이 분리될 경우에 그것을 두 측면으로 하는 교변작용 또는 경험은 도대체 설명이 불가능하기 때문이다.

경험이론에 나타난 이러한 그의 기본적인 입장은 교과교육에도 그대로 적용된다. 즉, 교변작용의 두 측면으로서의 주체와 대상은 교과교육에서 각각 학습자의 마음과 교과에 대응된다. 그리고 교과교육이 온전하게 설명되기 위해서는 이들 양자가 결코 분리되어 있는 것으로 파악되어서는 안 된다는 것이다. 전통적 교육과 진보주의 교육에 대한 듀이의 비판은 그의 이러한 견해에서 비롯된 것이라고 말할 수 있다.

본 장의 1절에서는 먼저 듀이의 교과교육이론이 경험이론에 뿌리를 두고 있다는 점을 확인한다. 그리고 2절에서 그 점에 착안하여 학습자의 마음과 교과의 연속성을 드러내고, 3절에서는 그것에 근거하여 이들 양자의 교변작용이 구체적으로 어떤 것인지를 규명한다.

1. 듀이의 종합적 교과교육이론

듀이의 철학 체계 내에서 교육은 '경험의 끊임없는 재조직 또는 재구성'으로 정의된다(DE: 89-90). 듀이의 경험이론이 그 자체로 교육이론의 성격을 띤다는 통설은 바로 여기서 비롯된 것이다. 지난 20세기 초반부터 중반까지 전 세계의 교육에 적지 않은 영향을 미쳤던 진보주의 교육사조는 표면상 그러한 통설에 근거하여 대두된 것으로 알려져 있다. 진보주의 교육사조가 교과교육을 어떤 방향으로 이끌어 갔는지를 한눈에 볼 수 있는 지금의 입장에서 할 수 있는 말이겠지만, 진보주의 교육론자들은 듀이의 경험이론—정확하게 말하면, 그들에 의하여 재단된 경험이론—에 입각하여 전통적으로 이루어져 왔던 교과교육을 비판하면서, 그 비판에 함의되어 있는 대안적 아이디어를 통해서 새로운 교육이론을 정립하려고 하였다.

진보주의 교육론자들은 그들이 비판하려고 했던 전통적 교육을 나름으로 체계화하고, 그것에 형식도야이론이라는 이름을 부여했다. 형식도야이론은 이 점에서 오직 죽음을 당하기 위하여 세상에 태어났다고 말할 수 있다. 이러한 기구한 운명을 타고난 형식도야이론을 요약하면 그것은 대체로 다음과 같은 것으로 될 수 있다(Wynne, 1963, ch.1). 인간의 마음은 서로 뚜렷이 구분되는 몇 가지 부소능력—지각, 기억, 상상, 추리, 감정, 의지 등 여섯 가지 능력—으로 이루어져 있으며, 그 능력은 신체의 근육에 비유된다는 뜻에서 '심근'이라고 부를 수 있다. 교육의 목적은 마치 신체적인 운동을 통하여 근육을 단련하듯이 교과를 통해서 그러한 심근을 도야하는 데에 있다.

형식도야이론이 나타내는 이러한 견해는 교과의 구조에 관한 특별한 아이디어에 근거하고 있다. 교과는 일반적으로 인간을 둘러싼 사물이나 현상에 관한 언어적 기술의 체계로 간주된다. 사실상 우리 눈에 확인되는 교과는 언어적 기술로 이루어져 있으며, 언어적 기술에 의존하지 않고서는 교과가 존재할 수 없다. 이 점에서 보면, 교과는 바로 언어적 기술이라는 통념에서 그다지 그릇되지 않은 것처럼 보인다. 그러나 그 통념을 따를 경우에 교과를 통해서 심근을 도야한다는 것은 원칙상 불가능하다. 논리적으로 말하여 교과는 오직 그 속에 들어 있는 어떤 것에 의해서만 도야시킬 수 있기 때문이다. 형식도야이론은 이 점에서 언어적 기술—교육학의 용어로 말하면 교과의 내용—을 배우는 동안에 도야되는 것으로 생각되는 심근—내용과 대비하여 말하면 교과의 형식—이 비록 우리 눈에 확인되지는 않지만, 교과의 한 부분으로 들어 있다는 점을 가정한다고 말할 수 있다. 우리 눈에 확인되는 내용이 차지하는 공간을 교과의 '표면'이라고 부를 수 있다면, 형식도야이론은 교과에 '이면'이라는 것이 있을 수 있으며, 그곳에 교과의 내용을 배우는 가운데 도야되는 형식이 자리 잡고 있다는 것을 가정하고 있다. 그리하여 교과의 구조는 우리 눈에 확인되는 내용과 눈으로 확인할 수 없는 형식이 표면과 이면으로 결합되어 있는 것으로 파악된다.

형식도야이론이 표방하는 이러한 교과의 구조는 그것의 표면을 이루는 교과의 내용이 교과교육에 참여하는 사람들이 의존해야 할 외부적 기준을 제공하며, 그것의 이면에 위치하는 교과의 형식이 교과의 내용을 배우는 일이 지향해야 할 내부적 기준을 제공하는 것으로 파악될 수 있다. 그러나 이러한 생각과는 달리 형식도야이론에서 중요시되는 것은 '어떤 내용을 배우는가.' 하는 것이 아니라, 그 내용이 무엇이든지 간에 '그것을 통해서 형식을 도야한다.'는 사실이다. 말하자면, 형식도야이론에서 교과의 가치는 그것의 표면을 이루는 세부적인 '내용' 때문이 아니라 그 내용을 통해서 도야되는 '형식'으로 말미암아 인정되는 셈이다.[1] 듀이의 "아동과 교육과정"에는 형식도야이론으로 대표되는 전통적 교육이 다음과 같이 묘사되어 있다.

이처럼 대립하는 요소들이 있었기 때문에 교육에 있어서 서로 다른 학파가 생겨나게 됩니다. 어떤 학파는 교과의 중요성을 극도로 강조하면서, 아동의 경험내용과 성격에는 거의 주의를 기울이지 않습니다. 이러한 학파는 다음과 같은 생각을 가지고 있는 듯합니다.

아동의 삶은 보잘것없으며 세련되지 못하고 좁은 범위에서만 한정된 것이지 않습니까? 이에 반해, 교과는 크고 넓은 우주를 매우 충실하게 기술하여 주며 그것도 복잡한 우주를 아주 잘 이해할 수 있도록 해 줍니다. 아동의 삶은 이기적이며, 자기중심적이고 충동적이지 않습니까? 아동들은 교과를 배움으로써 진리와 법칙과 질서가 충만한 객관적인 세계를 발견할 수 있습니다. 아동의 경험은 불분명하고, 불확실하며, 혼란되어 있고 순간적인 충동이나 주변의 분위기에 의해

1) 전통적 교육에서는 특정한 교과가 특정한 부소능력을 도야하는 것으로 생각되었다. 가령 수학이나 고전어는 기억이나 추리력을 기르는 데에 적합하며, 음악은 감정, 종교와 도덕과 정치는 의지를 도야하는 데에 주로 관계되는 것으로 생각되었다. 중세의 대표적인 교과였던 7자유과—문법, 수사학, 논리학, 대수, 기하, 음악, 천문학—는 특히 도야적 가치가 큰 것으로 인정된 것들이다.

왔다 갔다 하지 않습니까? 그렇지만 교과는 영원불변하는 진리에 기초를 두고 있으며, 잘 정리된 질서 있는 세계, 모든 것이 자세히 검토되고 분명하게 밝혀진 세계로 인도해 줍니다. 도덕적인 측면에서 볼 때에도 마찬가지입니다. 도덕적으로 올바른 것은 대개의 경우 버릇없는 행동이나 변덕스러운 행동들로 가득 찬 아동의 경험과는 반대됩니다. 그러므로 도덕적인 품성을 기르기 위해서는 이러한 아동들의 잘못된 행동들을 최소화하거나 무시해야 합니다. 우리는 그러한 버릇이나 변덕을 가능한 한 멀리 해야 하며, 나아가 그러한 것들을 없애도록 노력해야 합니다. 교육자로서의 우리의 임무는 다름이 아니라 아동들을 피상적이며 우연적인 것들에 주의를 두지 못하도록 하고 그 대신에 잘 정리된 실재, 즉 참된 세계에로 아동들을 이끌어 가는 것입니다. 이러한 참된 세계는 바로 교과 속에서 발견할 수 있습니다. … 교육 내용이 바로 교육의 목적이 되며 동시에 교육 방법을 결정합니다. 아동들은 아직은 주어진 교육 내용을 충실히 배워야 할 미성숙한 존재일 뿐입니다. 학습자는 어느 수준에 이를 때까지는 교육 내용을 배움으로써 더 도야되어야 합니다. 그의 경험은 범위와 정도에 있어 넓고 깊지 못하기 때문에 교육을 통하여 더욱 넓어지고 깊어져야 합니다. 아동들은 아직 자기 혼자서 교육 내용을 결정할 수 있는 자격이 없으며, 다만 어른들에 의해 주어진 교육 내용을 받아들이고 수용해야 합니다. 아동들은 어른들의 지시에 순종하며, 어른들이 인도하는 대로 따라갈 때에 그의 할 일을 다하는 것입니다(CC: 40-41).

위의 인용문에 나타난 바와 같이, 전통적 교육에서 아동의 생활은 성격상 자기본위적이고 이기적이고 충동적인 것으로 간주되며, 그만큼 아동의 경험은 혼란되고 막연하고 불확실한 것으로 될 수밖에 없다. 전통적 교육은 다름 아닌 아동으로 하여금 그러한 옹졸하고 편협하고 조잡한 생활 혹은 경험에서 벗어나 이루 헤아릴 수 없는 넓이와 깊이를 지닌 의미의 세계를 탐구함으로써 영원불변하는 진리의 세계로 나아가도록 이끄는 데에 그 목적이 있다. 교육이 지향하는 그러한 의미의 세계 또는 영원불변하는 진리의 세계는 전통적으로 '실재'라는 이름으로 이어져 내려오고 있으며, 교과는 바로 그 실재를 구현하고 있는 전형적인 대상에 해당한다. 형식도야이론과 관련해서 말하면, 교과의 이면에는 실재가 형식의 형태로 갖추어져 있으며, 교과는 아동으로 하여금 그것의 표면을 이루는 내용을 배우는 과정에서 그 이면에 있는 실재를 획득하도록 이끌기 위하여 특별히 고안된 제도적 장치라고 말할 수 있다. 적어도 전통적 교육의 입장에서 보면, 교과를 통해서 그 속에 들어 있는 바로 그 실재를 받아들이는 것은 아동의 숙명에 해당하며, 아동은 오직 그것을 받아들임으로써 성숙한 존재로 될 수 있다.

전통적 교육에서는 이와 같이 생활이나 경험이 아니라 교과가 핵심적인 위치를 차지하고 있다. 그리고 교과는 그 내용이 개인의 생활에 의미가 있다거나 사회적 유용성이 있다고 해서 중요시된다기보다는 그것이 실재를 획득하거나 형식을 도야하는 기회를 제공해 준다는 점에서 중요시된다. 물론 교과의 가치에 관한 그러한 전통적인 견해는 그것에 관한 일반적인 생각과는 상당한 거리가 있다. 보통의 경우에 교과의 가치는 어느 편인가 하면, 그것이 생활에 유용하다는 데에서 비롯된다. 사실상 교과의 가치에 관한 이러한 통념은 동서고금을 막론하고 광범위한 호소력을 지니고 있었다. 진보주의 교육사조가 당시에 널리 호응을 얻을 수 있었던 것은 그것이 근본적으로 그러한 통념에 근거하고 있었기 때문인 것으로 생각된다.

진보주의 교육자들의 사상적 기반이 되었던 교과의 가치에 관한 그러한 통념 속에는 그들이 교과교육에 관한 전통적 견해를 어떤 방식으로 비판하게 되는가는 말할 것도 없고, 진보주의 교육사조가 어떤 방향으로 나아가게 되는가 하는 것이 시사되어 있다. 위의 인용문에 이어지는 다음의 말은 그것을 비교적 명시적으로 드러내고 있다.

> 여기에 반하여 아동의 경험을 중시하는 다른 학파에서는 전혀 다른 방식으로 다음과 같이 이야기할 것입니다. 아동은 출발점이고, 중심이며, 목적입니다. 우리가 추구하는 이상은 아동의 발달이요, 아동의 성장입니다. 교육의 모든 기준은 아동에게서 찾아야 합니다. 모든 교과는 궁극적으로 아동의 성장을 돕기 위한 수단입니다. 따라서 교과는 아동의 성장에 공헌할 때에 비로소 가치 있는 것이 됩니다. 개성과 인격은 아주 중요한 교재가 됩니다. 교육의 목표는 지식이나 정보가 아니라 자아실현입니다. 모든 지식을 얻고도 자기 자신을 잃는다는 것은 종교에서뿐만 아니라 교육에서도 아주 비참한 운명에 처하게 되는 것입니다. 더욱 중요한 점은 교과는 외부로부터 아동의 내부로 집어넣을 수 있는 것이 아닙니다. 학습은 학습자의 능동적인 활동입니다. 그것은 무엇인가 파악하기 위하여 마음이 밖으로 향하는 작용과 마음 내부에서 새로운 내용을 소화하는 작용을 포함합니다. 문자 그대로 우리는 아동과 마주쳐야 하며, 아동으로부터 출발해야 합니다. 학습의 질과 양을 결정하는 것은 교과가 아니라 아동 자신입

> 니다. … 학교에서 가르치고 배우는 교과가 아동에게는 죽은 것이며 기계적이고 형식적인 것이 되는 중요한 원인은 아동의 경험과 삶을 교육과정에 예속시키는 데에서 찾을 수 있습니다. 학습자의 생생한 경험과 삶을 무시하고 교과에 짜 맞추려 할 때에 공부는 지겨운 것이 되고 수업은 의무감으로 해야 하는 고된 일이 되고 맙니다(CC: 40-41).

진보주의 교육자들은 전통적인 교과교육의 병폐를 지적하면서 그 대안으로 다른 종류의 교육을 제의한 것으로 알려져 있다. 먼저, 그들에 의하여 파악된 전통적인 교과교육의 병폐가 어떤 것인가는 그들이 교육의 목적으로 내세우는 자아실현의 성격을 통해서 확인할 수 있다. 그들은 이미 제시된 바와 같이 전통적 교육에서 중요시하는 실재를 부정한다는 점에서 듀이와 상이한 입장을 나타내며, 그만큼 그들이 교육의 목적으로 상정하는 자아실현—또는 그것과 동일한 의미를 나타내는 인격함양—은 듀이가 교변작용의 궁극적 목적으로 내세우는 자아실현과 동일한 것일 수 없다. 교과가 아동의 경험이나 생활과 긴밀하게 관련되어 있다는 점에 근거하여 말하면, 그들이 내세우는 자아실현은 이하에서 드러날 진보주의 교육사조에 대한 듀이의 비판에서 확인할 수 있는 바와 같이, 필연적으로 학습자가 생활에서 당면하는 여러 가지 문제를 효과적으로 해결함으로써 심리적 만족이나 모종의 이익을 얻는 것과 크게 다르지 않다. 그리하여 전통적 교육을 겨냥한 진보주의 교육자들의 비판은 교과교육을 핵심적인 활동으로 하는 전통적 교육이 아동의 생활과 유리되어 있다는 것으로 요약될 수 있다.

물론 전통적 교육을 옹호하는 사람이 있다면, 그들은 틀림없이 진보주의 교육자들의 이러한 비판에 대하여 반론을 제기할 것이다. 전통적 교육의 목적은 교과를 통해서 일반적인 정신능력—형식도야이론의 용어로 '심근' 또는 교과의 '형식' —을 도야하는 데에 있으며, 그것은 일반성을 띤다는 점에서 우리가 당면하는 여러 가지 문제에 공통적으로 적용될 수 있다는 것이 그 반론의 골자다. 그러나 그러한 반론 역시 진보주의 교육자들의 비판을 무효화시키지 못한다. 전통적 교육론자들의 그러한 반론을 받아들인다 하더라도, 그들이 내세우는 교과와 생활의 관련은 우회적인 것으로 보일 수 있으며, 진보주의 교육론자들은 이들 양자를 직접적으로 관련지으려고 할 것이기 때문이다. 진보주의 교육론자들의 대안적 교육은 그들의 이러한 입장에서 비롯된 것이라고 말할 수 있다.

진보주의 교육론자들이 내세우는 대안적 교육이 어떤 것인가는 '개성과 인격은 아주 중요한 교재가 됩니다.' 라는 말이나 '모든 지식을 얻고도 자기 자신을 잃는다는 것은 아주 비참한 운명에 처하게 되는 것입니다.' 라는 말을 단서로 하여 확인할 수 있다. 그들이 보기에 전통적 교과는 지식이나 정보로 이루어져 있으며, 그것을 배우는 일은 인격을 함양하거나 자아를 실현하는 것과는 다른 종류의 일이다. 보다 직접적으로 말하면, 전통적 교육에서 중요시되는 교과는 '죽은 것, 기계적인 것, 형식적인 것' 에 지나지 않으며, 그만큼 그것은 인격의 함양이나 자아의 실현을 도모할 수 없다. 어느 정도인가 하면, 전통적 교과는 해치워야 할 일종의 '일거리' 에 해당하며, 교과를 배우는 일은 '귀찮은 것' 으로 여겨진다. 그러므로 인격함양이나 자아실현을 위해서는 전통적 교과와는 다른 별도의 도구에 의존하지 않으면 안 된다.

'교육의 양과 질을 결정하는 것은 교과가 아니라 아동이다.' 는 말이나 '아동은 출발점이요, 구심점이요, 종착점이다.' 라는 말이 보여주는 바와 같이, 그 도구는 아동의 생활이나 경험 이외에 다른 곳에서 찾을 수 없다. 아동의 생활이나 경험으로부터 도출된 것만이 그들의 인격을 함양시키고 자아를 실현시킬 수 있으며, 교과는 그런 것으로 대치되어야 한다는 것이다. 그리하여 교과는 아동에게 주입시켜야 할 외부적인 대상이 아니라, 아동의 경험이나 생활을 담고 있는 것으로 되며, 그만큼 아동은 그것을 배우는 데에 흥미를 가지고 능동적으로 참여할 수 있게 된다. 진보주의 교육론자들이 보기에 인격함양이나 자아실현은 오직 그러한 대안적 교과에 의하여 실현될 수 있다.

오늘날 우리에게 알려져 있는 '경험을 통한 교육'은 그들이 내세우는 바로 그 대안에 해당하며, 그들은 그러한 대안적 교육의 근거를 듀이의 경험이론에서 찾고 있다. 보다 정확하게 말하면, 진보주의 교육론자들은 듀이의 경험이론을 나름의 방식으로 해석하고, 그와 같이 재단된 경험이론에 근거하여 새로운 교육이론을 만들어 내었다.[2] 그럼에도 불구하고, 그들은 듀이의 경험이론을 교육의 장면에서 실천한다고 천명하였다. 그러나 그들이 참으로 그렇게 생각한다면, 그들은 시드니 후크의 표현을 빌려 '듀이의 배신자들'이라 할 수 있다(Hook, 1971). 듀이가 "교과는 경험의 내용으로서의 경험 속에 들어 있다."고 말했을 때(EE: 93-106), 그가 염두에 두고 있는 경험은 아동이 시시각

2) 진보주의 교육은 종종 생활적응 교육이나 아동중심 교육과 상호 교환적으로 사용되기도 한다. 이러한 사태는 진보주의 교육이 목적과 내용의 측면에서 생활적응 교육의 형태를 띠고 있으며, 아동의 흥미 존중을 그것의 중요한 방법적 원리로 삼고 있다는 데서 비롯된 것으로 생각된다.

각 겪는 일상사나 그들이 재미를 느끼는 어떤 활동을 가리키는 것이 아니다. 오히려 그것은 아동 개개인의 경험이 아니라, 세대와 세대를 거치면서 끊임없이 축적되는 인류의 경험을 가리킨다(CC: 34).

전통적으로 교과는 그러한 인류의 경험이 나름의 사고방식으로 체계화된 것이다. 그러므로 듀이의 경험이론이 나타내는 교과는 결코 진보주의 교육론자들이 내세우는 교과와 동일한 것일 수 없다. 차라리 듀이는 그들이 비판의 대상으로 삼았던 바로 그 전통적 교과를 그대로 받아들인다고 말하는 편이 옳다. 자세한 것은 2절에서 논의하겠지만, 진보주의 교육론자들이 중요시하는 방법적 원리로서의 흥미 또한 듀이의 그것과 동일한 것일 수 없다. 진보주의 교육론자들을 겨냥한 듀이의 다음과 같은 비판은 교과와 흥미에 관한 그들의 견해에 대한 그의 불편한 심기를 노골적으로 보여 주고 있다.

새교육은 학습자의 자유를 강조한다는 점을 지적한 바 있습니다. 새교육이 학습자의 자유를 강조한다는 사실 자체는 아무런 문제될 것이 없습니다. 그러나 그러한 주장을 명확히 하려면 해결되어야 할 문제가 있습니다. 도대체 여기서 말하는 자유란 무슨 뜻이며, 그 자유가 실현될 수 있으려면 어떤 조건을 갖추어야 합니까? 또한 새교육을 주장하는 사람들은 전통적인 학교에서 널리 행해지고 있는 외적인 강제가 학생들의 지적 도덕적 발달을 촉진시키기보다는 오히려 위축시키고 있다고 지적합니다. 일단 이러한 지적이 옳다고 합시다. 전통적 교육이 가지고 있는 이러한 중대한 결함을 인식하게 되면 새로운 문제가 생깁니다. 그러한 지적이 옳다고 하면 미성숙한 학생들을 교육시키고 능력을 개발하는 데에 교사와 교과서는 도대체 어떤

> 역할을 하는 것입니까?
>
> 또한 교과서에 들어 있는 사실이나 지식을 공부해야 할 내용으로 채택하고 있는 전통적 교육은 너무나 과거지향적이며, 따라서 현재나 미래의 문제를 다루는 데에 아무런 도움을 주지 못한다는 새교육 옹호자들의 비판을 일단 수용해 봅시다. 그렇다면 과거에 이룩한 지식과 현재 부딪치고 있는 문제가 경험 '내에서' 어떤 관련을 맺고 있는가 하는 것이 밝혀야 할 과제로 대두되게 됩니다. 우리는 과거를 아는 것이 어떤 점에서 미래의 문제를 효과적으로 해결하는 강력한 수단이 될 수 있는가 하는 점을 밝혀야 합니다. 우리는 지식이나 문화유산이 삶을 위한 수단으로서 중요한 역할을 한다는 것을 인정한다 하더라도 과거에 이룩된 지식이나 문화유산의 습득을 교육의 절대적인 목적으로 삼는 데에 반대할 수 있습니다. 이런 경우에 교육학적으로 검토해 보아야 할 또 다른 문제가 제기됩니다. 즉, 우리는 도대체 아동들이 과거의 지식과 문화를 어떤 방식으로 학습해야 하는가, 그러한 학습이 현재의 삶을 이해하는 강력한 수단이 될 수 있을까 하는 문제에 직면하게 됩니다(EE: 105-106).

앞서 지적한 바와 같이, 진보주의 교육론자들은 전통적 교과 혹은 그것을 가르치는 교과교육이 현재와 미래의 문제를 해결하는 데에 도움이 되지 않는 것으로 생각한다. 전통적 교과를 아동의 생활 혹은 경험으로 대치하려는 그들의 시도는 바로 여기서 비롯되었다. 그러나 듀이가 보기에 그들의 시도는 결코 타당한 것일 수 없다. 왜냐하면 전통적인 교과교육이 외부로부터 강제를 일삼음으로써 학습자의 지적·도덕적 성장을 제한했다는 점을 인정한다 하더라도, 그 점이 교과의 가치를 부정하거나 그것을 다른 것으로 대치해야 하는 근거는 되지 못하기 때문이다. 아동으로 하여금 현재와 미래의 문제를 효과적으로 해결할 수 있도록 하기 위해서는 교과를 그들의 생활이나 경험으로 대치할 것이 아니라, 바로 그 교과가 어떻게 그 문제를 효과적으로 처리하는 데에 강력한 도구로 활용될 수 있는지를 찾아내야 한다는 것이 듀이의 입장이다. 한마디로 말하면, 듀이는 바로 그 전통적 교과를 가르치되 그것을 온전한 방법으로 가르쳐야 한다고 주장하는 셈이다. 위의 인용문의 마지막 문장은 이 점을 강조하는 것으로 받아들일 수 있다.

듀이는 진보주의 교육론자들이 내세우는 아동의 자유—즉, 앞의 인용문에 나타난 아동의 능동적 참여 또는 그것을 가능하게 하는 아동의 흥미—에 대해서도 마찬가지로 비판적인 입장을 드러낸다. 사실상 그들은 아동의 흥미를 존중해야 한다든가 그들이 교육에 능동적으로 참여할 수 있도록 해야 한다고 주장하고 있지만 그것이 정확하게 어떻게 하는 것인가는 분명하지 않다. 그럴 경우에 그것은 듣는 사람의 심리에 호소함으로써 그들의 호응을 얻는 하나의 슬로건에 지나지 않는 것으로 된다. 아닌 게 아니라, 그들은 그러한 방법으로 전통적 교육을 비판하고 있으며, 그들이 내세우는 새로운 교육은 그러한 방법에 의하여 설득력 있는 것으로 여겨졌다. 그러나 듀이가 보기에 그들이 내세우는 그러한 방법상의 원리가 온전한 것으로 되기 위해서는 그것이 정확하게 무엇인지를 밝혀야 할 뿐만 아니라, 그것이 힘을 발휘하기 위해서는 어떻게 해야 하는지를 드러내지 않으면 안 된다. 듀이는 이하 2절에서 드러날 바와 같이, 이러한 맥락에서 교과교육의 방법상 원리로서의 흥미를 새롭게 규정하게 된다.

듀이가 이와 같이 진보주의 교육사조를 비판한다는 것은 교육에 관한 그의 견해가 그만큼 전통적 교육에 다가서 있다는 것을 뜻한다. 그러나 그렇다고 해서 그가 전통적 교육을 전적으로 받아들인 것은 아니다. 전통적 교육을 대표하는 형식도야이론에 대한 다음과 같은 듀이의 비판은 당장 이 점을 명시적으로 증거하는 것으로 받아들일 수 있다.

> 비록 궁극적인 단계에서나마 관찰이나 기억 등 능력의 발달을 교육의 목적으로 삼는 것은 먼저 학생들이 어떤 주제를 관찰하거나 기억해야 하며, 무슨 목적으로 그 일을 해야 하는지를 결정해 두지 않는 한 부질없는 일이다. 바라건대 학생들이 주시하고 기억하고 판단해야 할 일이 있다면, 그것은 학생들로 하여금 그들이 속하고 있는 집단의 유능하고 효과적인 구성원이 될 수 있도록 하는 그러한 일이다. 만약 그렇지 않다면, 우리는 학생들에게 벽의 갈라진 틈을 세밀히 관찰하도록 하거나, 어느 나라의 말도 아닌 무의미한 단어들을 기억하도록 해도 좋을 것이다. 아닌 게 아니라, 만약 우리가 형식도야이론에서 주장하는 대로 한다면, 바로 이런 식의 교육을 해야 할 판이다 (DE: 77-78).

듀이에 따르면 형식도야이론은 '학생들로 하여금 벽의 갈라진 틈을 세밀히 관찰하도록 하거나, 어느 나라의 말도 아닌 무의미한 단어들을 기억하도록 해도 좋다.'는 식의 우스꽝스러운 논리적 귀결에 도달하게 된다. 누가 보더라도 불합리한 이러한 결론은 첫 문장에 명백히 지적되어 있는 바와 같이, 근본적으로 마음의 능력을 교육의 목적으로 삼는 데에서 비롯된다. 사실상 마음의 능력을 교육의 목적으로 보는 경우에, 그 능력은 비록 도야되지 않은 형태로나마 사람의 마음속에 이미 존재한다는 것을 가정하지 않으면 안 된다(DE: 71). 그러한 능력이 마음속에 이미 존재하는 것으로 보지 않으면, 그것의 도야를 직접적이고 의식적인 수업의 목적으로 삼는 것이 의미를 가질 수 없기 때문이다.[3] 형식도야이론은 이 점에서 마음의 능력이 그것의 적용 대상인 교과로부터 따로 떨어져서 별도로 존재하는 것으로 간주하는 것이나 다름없다. 그리하여 듀이는 형식도야이론이 한편으로 마음과 다른 한편으로 그것이 적용되는 대상인 교과를 분리시키는 이원론적 성격을 띤다고 비판하게 된다(DE: 76).

형식도야이론에 대한 이러한 듀이의 비판을 토대로 하여 진보주의 교육사조에 대한 그의 비판을 다시 규정한다면, 아동을 중요시하는 진보주의 교육사조는 교과에 거점을 두고 학습자의 마음과 교과를 분리하는 형식도야이론과는 달리, 학습자에 거점을 두고 그의 마음과 교과를 분리하는 오류를 저지르는 것으로 파악될 수 있다. 한마디로 말하면, 듀이는 전통적 교육과 진보주의 교육이 교과와 학습자라는 상이한 거점에서 이들 양자를 분리하는 이원론의 오류를 범하고 있다고 비판하는 셈이다. 듀이의 이러한 비판은 그가 자신의 교과교육이론을 정립하는 데에 필연적으로 요청되는 것이었지만, 그 속에는 또한 듀이의 교과교육이론에 대한 오해의 불씨가 감추어져 있다. 듀이

---

3) "마음의 능력이 비록 조잡한 형태로나마 이미 있기 때문에, 남은 일이라고는 그것을 끊임없이 점점 세련된 형태로 반복적으로 연습하도록 함으로써 마침내 세련되고 완성되도록 하는 것뿐이다. 이러한 교육관에 붙여진 '형식도야' 라는 이름에서 '형식' 이라는 말은 훈련된 '결과' , 즉 능력이 생기는 것과 훈련의 '방법' , 즉 반복적인 연습을 동시에 가리킨다(DE: 70-71)."

의 교과교육이론이 직면하게 되는 다음과 같은 두 가지 상반된 평가는 바로 그 불씨가 모습을 드러낸 것이라고 말할 수 있다.

먼저 브루너는 '지식의 구조'라는 자신의 아이디어에 입각하여 듀이의 "나의 교육학적 신조"를 검토하는 장면에서 그가 교과의 성격에 관한 그릇된 견해를 표방하고 있다고 비판한다(Bruner, 1969). 사실상 듀이의 그 글에는 교과의 가치가 사회적 유용성에 의하여 정당화된다는 식의 생각이 들어 있다. 그래서 그의 교과교육이론은 진보주의 교육론자들의 그것과 동일한 입장을 표명하는 것으로 오해될 가능성이 있다. 사실상 브루너가 보기에 듀이는 교과교육에 관한 한은 그러한 입장을 견지하고 있다. 말할 필요도 없지만, 그러한 입장이 나타내는 교과의 가치는 지식의 구조에 의하여 부각되는 지적 안목이나 현상의 이해 등과는 성격을 달리한다. 그러므로 듀이의 교과교육이론이 진보주의 교육사조와 동일한 것으로 오해될 경우에 브루너와 같은 비판은 언제나 제기될 수밖에 없다.

그러나 미국의 저명한 교육사학자인 크레민은 지식의 구조라는 아이디어로 대표되는 브루너의 교과교육이론은 듀이의 교과교육이론을 부연한 것에 지나지 않는다고 평가한다(Cremin, 1965: 47ff). 브루너가 전통적인 교육을 재현했다는 통설을 감안하면, 크레민의 그러한 주장은 듀이가 전통적 교육을 그대로 받아들인 것으로 파악될 수 있다. 크레민의 그 주장은 실지로 이와 같은 맥락에서 해석되는 경향이 없지 않다.[4] 듀이의 교과교육이론에 대한 후대의 이러한 상반된 평가는 표

4) 그러나 듀이는 앞서 지적한 바와 같이 전통적 교육에 대해서도 비판적인 입장을 취한다. 그러므로 크레민의 그 주장이 나타내는 초점은 듀이가 전통적 교육을 무비판적으로 받아들였다는 점을 지적하는 데에 있다기보다는 그가 진보주의 교육론자들과 동일한 입장을

면상 양립 불가능한 것처럼 보인다. 그러므로 그러한 상반된 평가는 그것을 접하는 대부분의 사람으로 하여금 순간적으로 혼란에 빠져들게 만드는 동시에, 그중 어느 하나를 부정함으로써 그 혼란에서 벗어나려는 충동을 불러일으키게 만든다.

그러나 듀이의 교과교육이론에 대한 상반된 평가 중에서 어느 하나를 부정하고 다른 하나를 취하는 것은 그러한 혼란에서 벗어나는 온전한 방안이 되지 못한다. 왜냐하면 교과교육에 관한 듀이의 견해 속에는 그러한 두 진영의 비판이 적극적으로 내세우는 생각이 모두 포함되어 있으며, 이들 두 진영의 비판은 각각 그러한 듀이의 포괄적인 견해를 특정한 관점에서 비판하고 있기 때문이다. 그러므로 그 혼란에서 벗어나기 위해서는 어느 한 진영의 비판을 부정하기보다는 양 진영의 견해를 종합하지 않으면 안 된다. 보다 적극적으로 말하면, 이들 양 진영의 견해를 종합하는 것 이외에 교과교육에 관한 듀이의 견해를 온전하게 파악하는 별도의 방안은 있을 수 없다.

2. 마음과 교과의 연속성

시간적인 순서로 보면, 듀이의 교과교육이론은 그 이전에 있었던 전통적 교육을 비판하는 과정에서 탄생했으며, 진보주의 교육은 듀이의 그러한 이론을 특정한 관점에서 이어받은 것이라고 말해야 한다. 그러나 논리적 순서로 보면, 듀이의 교과교육이론은 앞 절에서 지적

취하는 것이 아니라는 점을 지적하는 데에 있다고 보는 편이 옳다.

한 바와 같이 교과를 위주로 하는 전통적 교육과 학습자를 중시하는 진보주의 교육을 특정한 관점에서 종합하는 형태를 띤다. 전통적 교육과 진보주의 교육이 각각 교과와 학습자라는 상이한 거점에서 이들 양자를 분리시키는 잘못을 저지르고 있다는 점에서 보면, 듀이의 종합적 교과교육이론은 필연적으로 이들 양자가 따로 떨어져서 별도로 존재하는 것이 아니라 하나로 연결되어 있다는 아이디어를 핵심으로 삼을 수밖에 없다. 그의 경험이론에 나타난 용어를 빌어 말하면, 듀이의 종합적 교과교육이론은 학습자의 마음과 교과의 연속성을 핵심적인 개념으로 삼고 있으며, 그 개념은 그의 경험이론에 명백히 나타나 있는 바와 같이 학습자의 마음과 교과 사이의 교변작용을 설명하는 근거가 된다는 점에서 중요성을 띤다.

듀이의 교과교육이론이 학습자의 마음과 교과의 연속성과 그것에 근거한 양자 간의 교변작용에 관한 설명으로 이루어져 있다는 것은 경험이론과 교과교육이론의 관계에 관한 통설을 통해서 확인할 수 있다. 그 통설에 따르면, 듀이의 교과교육이론은 그의 경험이론이 교과교육이라는 구체적인 장면에 적용된 것 이외에 다른 것일 수 없다. 아닌 게 아니라 교과교육은 인간이 의도적으로 영위해 온 전통적인 활동 중에서 가장 체계적인 형태의 경험에 해당하며, 그런 만큼 듀이가 경험이론을 교과교육이론으로 구체화하는 것은 하등 이상할 것이 없다. 그러므로 교과교육에 관한 듀이의 이론 속에는 경험이론을 설명하는 데에 동원되는 연속성과 교변작용이라는 개념이 그대로 녹아들어 있을 수밖에 없다. 연속성에 근거해서 일어나는 교변작용에 대한 세부적인 설명은 3절로 미루고, 이하에서는 학습자의 마음과 교과의 연속성이 듀이의 교과교육이론의 핵심적인 개념이라는 점을 확인하는 데에 할애된다.

듀이의 경험이론에 등장하는 연속성이라는 개념이 학습자의 마음과 교과 사이에도 적용된다는 것은 이미 지적한 바 있다. 그렇기는 해도 학습자의 마음과 교과가 연속성을 나타낸다는 것은 누구에게든지 어렵지 않게 납득되는 평범한 생각이 아니다. 도리어 보통 사람에게는 학습자의 마음과 교과는 따로 떨어져 있는 별개의 실체라는 생각이 훨씬 더 있는 그대로의 사실을 기술하는 것으로 생각된다. 듀이의 그 생각을 받아들인다 하더라도 학습자의 마음과 교과가 연속성을 나타낸다는 것은 우리 눈에 확인되지 않으며, 이들 양자가 따로 떨어져 있다는 사실은 눈앞에 펼쳐져 있는 엄연한 사실이기 때문이다. 그러므로 학습자의 마음과 교과 사이에 간극이 있다는 것은 누구나 받아들이지 않을 수 없다. 듀이는 이러한 맥락에서 학습자의 마음과 교과 사이에 간극이 있다는 점을 받아들이지 않을 수 없었을 것이다. 다음과 같은 듀이의 말은 이 점을 직접적으로 보여 주고 있다.

> 교육하는 사람의 입장에서 볼 때, 여러 교과는 활동을 위한 자원이요, 자본이 된다고 말할 수 있다. 그렇지만 교과가 아이들의 경험에서 멀리 떨어져 있다는 것은 어쩔 수 없는 엄연한 사실이다. 학습자가 배우는 교과는 성인의 정련되고 체계화된 교과, 즉 책이나 예술작품에 나타나 있는 상태로서의 교과와 동일하지 않으며, 동일한 것이어서도 안 된다. 성인의 교과는 아동의 교과의 '가능성'일 뿐, 현재의 상태가 아니다. 성인의 교과는 전문가나 교육자의 활동에나 직접 들어오는 것이며, 초심자나 학습자의 활동에는 직접 들어오지 않는다. 교사와 학생의 입장에서 볼 때, 교과에 차이가 있다는 이 점을 올바르

> 게 존중하지 않았다는 사실이, 이때까지 교과서나 그밖에 기존의 지식을 표현한 다른 자료들을 올바르게 사용하지 못한 가장 중요한 원인이 되었다(DE: 214-215).

교과교육에서 교사의 활동은 그것이 어떤 형태를 띠든지 간에 교과에 의존하지 않을 수 없다. 교과교육 속에서 이루어지는 교사의 활동은 다른 것이 아니라 교과를 이루고 있는 어떤 것을 학습자에게 전수하기 위한 것이어야 한다. 그러므로 교사의 행위 중에서 그 일과 무관한 것이 있다면 그것은 원칙상 교사의 행위로 용납되지 않는다. '교육하는 사람의 입장에서 볼 때, 교과는 활동을 위한 자원이요, 자본이 된다.' 는 듀이의 말은 이러한 교사의 행위와 교과의 관계를 지적하는 것으로 받아들일 수 있다.

교사에 의하여 수행되는 일체의 활동이 교과를 전수하기 위한 것이어야 한다는 생각 속에는 학습자가 교과교육에 참여해야 하는 근본적인 이유가 시사되어 있다. 교사로부터 교과를 전수받는다는 것이 바로 그 이유에 해당한다. 교사의 경우에 자원 또는 자본이 되는 교과가 이와 같이 학습자의 경우에 전수받아야 할 대상이 된다는 것은 교사의 입장과는 달리 학습자의 경우에 자신과 교과 사이에 모종의 간극이 있다는 것을 뜻한다. '교과가 아동의 경험에서 멀리 떨어져 있다.' 는 말이나 '학습자가 배우는 교과는 성인의 정련되고 체계화된 교과와 동일하지 않다.' 는 말은 바로 그 간극을 지적하는 것으로 받아들일 수 있다.

듀이는 학습자의 현재의 마음과 교과 사이에 간극이 있다는 사실을 단순히 기술적 의미로 받아들이기보다는 규범적 의미로 파악하고 있다. 학습자의 마음과 교과는 동일하지 않을 뿐만 아니라 '동일한 것이어서는 안 된다.'는 것이 듀이의 견해다. 듀이가 이와 같이 이들 양자 사이에 간극이 있다는 사실을 강하게 부각시키면서 품고 있었던 관심사가 무엇인가 하는 것은 마지막 문장을 통해서 확인할 수 있다. 그 문장에 따르면, 학습자의 마음과 교과 사이의 간극을 부당하게 묵살하는 것은 교과가 응당 누려야 할 지위를 상실하게 되는 이유가 된다.

듀이는 학습자의 마음과 교과 사이의 간극을 묵살하는 것이 어째서 교과의 지위를 무너뜨리는 것으로 되는가에 관한 직접적인 설명을 제시하고 있지 않다. 짐작컨대, 듀이는 이하에서 드러날 바와 같이 전통적 교육과 진보주의 교육의 오류를 지적하는 것으로 그 설명을 제시한 것이나 다름없다고 생각했을 것이다. 사실상 진보주의 교육은 학습자의 마음과 교과의 간극을 제거하는 과정에서 체계화되었으며, 이 점에서 듀이에 의하여 파악된 진보주의 교육의 오류는 교과가 그 지위를 상실하게 되는 불행한 사태를 전형적으로 예시한다고 말할 수 있다.

학습자의 현재의 마음과 교과 사이에 간극이 있다는 것은 원래 전통적 교육이 내세우는 기본적인 생각이다. 전통적 교육의 입장에서 보면, 이들 양자 사이의 간극이 부정될 경우에 당장 학습자가 교과를 배우는 일은 더 이상 불필요한 것으로 간주된다. 그리고 교과를 가르치는 일이 부정된다는 것은 그 일을 핵심으로 하는 전통적 교육의 와해를 뜻한다. 학습자의 마음과 교과 사이에 간극이 있다는 것은 이 점에서 전통적 교육이 성립되기 위한 조건이 되며, 그런 만큼 전통적 교육이 그 간극을 부각시키는 것은 오히려 당연하다.

그러나 전통적 교육은 그 기본적인 생각을 지나치게 강조한 나머지 교과를 학습자에게 주입해야 할 대상으로 간주하게 된다. 교과를 그와 같이 주입해야 할 대상으로 간주하는 것은 교과가 학습자의 마음과 무관하게 그것의 바깥에 이미 주어져 있다는 통념에 의하여 한층 더 타당한 것처럼 보인다. 그러나 교과에 관한 그러한 통념과 그것에 의하여 증폭되는 교과에 관한 전통적 교육의 입장은 결코 타당한 것일 수 없다. 특히, 듀이의 입장에서 볼 때 학습자의 마음과 교과가 따로 떨어져 있는 것으로 간주하는 것은 명백히 이원론의 오류를 범하는 것으로 된다. 그러므로 교과에 관한 전통적 교육의 입장은 적어도 듀이의 이론체계 내에서는 도저히 견지될 수 없다.

교과에 관한 전통적 교육의 입장이 듀이의 생각에서 벗어나 있다는 것은 그의 견해가 진보주의 교육에 한걸음 다가서 있다는 뜻으로 파악될 수도 있다. 그러나 그렇다고 해서 듀이가 전통적 교육의 반대편에 있는 진보주의 교육을 전적으로 옹호한다고 생각하는 것은 잘못이다. 진보주의 교육론자들은 앞서 지적한 바와 같이 전통적으로 가르쳐 오던 교과를 학습자의 경험으로 대치하게 된다. 그들의 눈에는 그와 같은 방식으로 학습자의 마음과 교과 사이의 간극을 제거하는 것이 전통적 교육에 의하여 주도된 주입식 교육의 병폐를 시정하고 교과를 직접적으로 생활과 관련짓는 방안이 되는 것으로 보였을 것이다. 그렇기는 해도 듀이가 보기에 교과를 경험으로 대치하는 것은 교과교육의 조건을 도외시하는 것이요, 교과교육 그 자체를 부정하는 것이나 다름없다. 마지막 문장 속에 들어 있는 듀이의 비판은 진보주의 교육이 초래한 그러한 불행한 사태를 겨냥한 것이라고 말할 수 있다. 그리고 학습자의 마음과 교과가 동일한 것이어서는 안 된다는 듀이의 견해는 그러한 불행한 사태를 경계하기 위한 것으로 받아들일 수 있다.

듀이가 전통적 교육과 진보주의 교육에 대하여 그러한 비판적 입장을 취한다는 점에 비추어 보면, 교육에서 차지하는 교과의 지위를 부정하지 않으면서도 교과와 학습자의 마음이 분리되어 있지 않다는 점을 부각시키는 것이 그에게 주어진 한 가지 중요한 과제였다는 것은 어렵지 않게 짐작할 수 있다. 위의 인용문에서 그 과제에 대한 듀이 나름의 해결책을 찾는다면, 그것은 '성인의 교과는 아동의 교과의 가능성을 나타낸다.'는 말일 것으로 생각된다. 듀이의 그 말 속에 나타난 '가능성'이라는 용어는 학습자의 마음속에 갖추어져 있는 교과와 책 속에 들어 있는 성인의 교과, 일반적인 용어로 말하여 학습자의 마음과 교과 사이에 존재하는 두 가지 관계를 한꺼번에 지적하고 있다. 즉, 학습자가 갖추고 있는 현재의 마음이 아직 교과로 나아가지 못한 상태에 있다는 뜻에서의 가능성은 이들 양자 사이의 간극 또는 교육에서 교과가 차지하는 위치를 부각시킨다면, 학습자의 마음이 교과로 나아갈 수 있다는 뜻에서의 가능성은 이들 양자가 분리되어 있지 않다는 점을 부각시킨다.

듀이의 그 말에 대한 이러한 해석이 그릇되지 않다는 것은 "아동의 경험과 교육과정 양자를 전혀 다른 것, 즉 '종류상'의 차이가 있는 것이 아니라, 서로 연속선상에 있는 것, 즉 '정도의 차이'가 있는 것으로 이해해야 한다."(CC: 43)는 널리 인용되는 명구를 통해서 확인할 수 있다. 듀이의 이 명구는 표면상 학습자의 경험과 교과 사이의 관계를 나타내고 있다. 그렇기는 해도 경험을 그 결과로 학습자가 갖추게 되는 마음을 가리키는 것으로 해석할 경우에, 그 말은 '학습자의 마음과 교과가 수준에 있어서 차이가 있다는 것은 부정할 수 없지만, 그 차이를 종류의 차이로 격상시키는 것은 잘못이다.' 라는 뜻으로 읽을 수 있다. 교과가 학습자의 마음과 수준의 차이를 나타낸다는 것은 이들 양자 사이의 간극을 인정하는 것이며, 그 간극은 교과교육의 필요성을 지적하는 근거로 받아들일 수 있다. 그러나 그렇다고 해서 그 사이에 오직 간극만 있다고 생각하는 것은 잘못이다. 그럴 경우에 학습자의 마음이 교과를 향하여 나아가는 일 또는 학습자가 자신의 마음을 교과로 만드는 일은 원칙상 불가능한 것으로 되기 때문이다. 듀이가 학습자의 마음과 교과의 차이를 종류의 차이로 간주해서는 안 된다고 주장하는 이유는 바로 여기에 있다.

듀이는 '흥미'라는 개념에 대한 새로운 해석을 통해서 학습자의 마음과 교과가 따로 떨어져서 별도로 존재하는 것이 아니라 하나로 연결되어 있다는 점을 여실하게 드러내고 있다(차미란, 1987: 23, 25). 듀이가 흥미라는 개념을 어떻게 규정하는가는 통념상의 흥미에 대한 그의 비판을 통해서 충분히 짐작할 수 있다.

> 교육에서의 흥미의 위치를 얕잡는 투로 말하는 경우를 보면, … 흥미는 단순히 사물이 개인적 이익이나 손해, 성공이나 실패에 어떤 영향을 끼치는가 하는 관점에서 파악된다. 사태의 객관적 진전과는 유리된 채, 그것은 순전히 개인의 쾌락이나 고통에 관한 문제로 격하된다. 구체적으로 교육적 사태와 관련지어 말하면, 흥미를 중요시한다는 것은 아이들에게 관심이 없는 학습자료에 유혹적인 면을 가미하는 것, 또는 다른 말로 쾌락의 뇌물로 주의를 끌고 노력을 짜내려는 것을 뜻하게 된다. 이러한 수법은 소위 '얼르는' 교육, 또는 '허기 채우는' 교육이론이라는 낙인을 받아 마땅하다(DE: 148-149).

듀이가 보기에 통념상의 흥미는 순전히 고통을 피하고 쾌락을 추구하는 개인의 심리적 취향을 가리킨다. 이러한 뜻에서의 흥미는 개인의 내부 어디엔가 갖추고 있는 것일 수밖에 없다. 교과교육과 관련지어 말하면 그러한 통념상의 흥미는 사태의 객관적 진전과는 유리되어 있다는 듀이의 말이 보여 주는 바와 같이, 교과를 배우기 이전에 학습자가 이미 갖추고 있는 것으로 파악된다. 그래서 그것은 교과와 무관한 것일 수밖에 없다. 차라리 교과교육에서 그러한 통념상의 흥미는 '우리는 교과를 가르치는 것이 아니라 아동을 가르친다.' 라는 진보주의 교육론자들의 유명한 표어가 보여 주는 바와 같이 교과와 대립된다고 말하는 편이 옳을지도 모른다. 학습자의 흥미가 교과를 가르치는 방법상의 원리로 중요시되어야 한다는 진보주의 교육론자들의 주장은 이러한 맥락에서 등장한 것으로 알려져 있다.

그러나 듀이가 보기에 흥미와 관련된 그러한 생각은 '아이들에게 관심이 없는 학습자료에 유혹적인 면을 가미하는 것, 또는 다른 말로 쾌락의 뇌물로 주의를 끌고 노력을 짜내려는 것' 이외에 다른 것일 수 없으며, 그런 만큼 그러한 수법은 소위 얼르는 교육 또는 허기를 채우는 교육이론이라는 낙인을 받아 마땅하다.

그럼에도 불구하고 진보주의 교육론자들은 심리적 취향으로서의 흥미를 방법의 측면에서 수용하는 것 이상으로 그것에 거의 전적으로 의존하여 교과를 새롭게 구성하려고 했다. 그들의 그러한 시도가 듀이의 생각과는 거리가 멀다는 것은 누차 지적한 바 있다. 듀이가 보기에 그들의 그러한 그릇된 시도는 근본적으로 흥미를 교과와 무관한 것으로 규정하는 데에서 비롯된다. 듀이는 이 점을 시정하기 위하여 흥미라는 개념을 새롭게 규정하기에 이른다.

> 흥미는 단순한 감정처럼 그 자체를 목적으로 하는 것이 아니라, 목하의 대상 속에 구현되어 있다. 흥미라는 것은 그것이 어떤 것이든지 간에 원래 대상과의 밀접한 관계에 의하여 성립한다. 화가는 붓과 색채와 기법에 의하여 흥미를 갖게 된다. 사업가는 수요와 공급의 작용이나 시장의 변동 등에 의하여 흥미를 갖게 된다. 어떤 예를 가지고 말하더라도 마찬가지겠지만, 만약 흥미로 뭉쳐 있는 대상을 제외한다면, 흥미 그 자체는 공허한 감정 속으로 빠져들어 사라져 버린다 (IE: 16).

위의 인용문에 따르면, 듀이가 염두에 두고 있는 흥미는 우리가 시시각각 나타내는 감정 중의 하나일 수 없다. 보통의 경우에 감정이라는 것은 우리의 마음속에 선천적으로 갖추어져 있는 실체를 가리킨다. 그리고 그것과 관련된 대상이 주어질 경우에 감정은 그것을 계기로 하여 외부적으로 표현된다. 그러나 적어도 듀이가 염두에 두고 있는 흥미는 그런 것이 아니다. 그것은 어느 편인가 하면, 바깥에 있는 대상 속에 들어 있는 것으로서 그 대상과의 관계를 통해서 획득되는 것이다. 흥미에 관한 듀이의 이러한 견해에 따르면, 대상과 무관한 흥미는 도대체 있을 수 없다. 교과교육에서 학습자가 나타내는 흥미 역시 마찬가지다. 교과와 무관한 흥미가 있다면, 그것은 도대체 공허한 것일 수밖에 없다. 그래서 흥미는 오직 교과와의 관련을 통해서 획득되는 것이다. 흥미에 관한 듀이의 이러한 새로운 견해는 수학에 관한 다음과 같은 널리 인용되는 말을 통해서 보다 구체적으로 확인할 수 있다.

> 사실이나 진리가 공부—즉, 탐구와 사고—의 내용이 되는 것은 우리가 관여하고 있는 사건, 또 그 결과가 우리에게 영향을 미치는 사건의 진행을 종결짓는 데에 그 사실이나 진리가 고려해야 할 요인으로 등장할 때다. 수가 공부거리인 것은 그것이 이미 수학이라는 학문 분야를 이루고 있기 때문이 아니라, 그것이 우리의 행위가 이루어지는 세상의 성질과 관계를 나타내기 때문이며, 우리의 목적 달성 여부를 결정하는 요인이 되기 때문이다. …… 학습이나 공부는 단순히 학생들이 공부해야 할 과목으로 제시되는 한, 인위적이고 비효과적인 것이 된다고 말할 수 있다. 그와 마찬가지로 공부가 효과적인 것으로 되려면, 학생이 다루는 수학적 지식이 자기에게 관심 있는 활동의 결실을 얻는 데에 중요한 역할을 한다는 것을 알아야 한다. 사물이나 주제 그리고 유목적적인 활동의 성공적 수행 사이의 이러한 관련이야말로 교육에서의 흥미에 관한 진정한 이론의 알파요, 오메가다(DE: 134-135).

교육에 관한 전통적 견해에 따르면, 교과 속에 들어 있는 사실이나 진리는 공부거리로서 이미 주어져 있다. 예컨대, 수는 학습자가 지금까지 어떤 삶을 살아오고 있으며 앞으로 어떤 삶을 살아가게 되는가와는 상관없이 이미 공부거리로 자리 잡고 있으며, 그것이 공부거리가 된다는 것은 하등 의심의 대상이 되지 않는다. 말하자면 수를 비롯하여 교과 속에 들어 있는 지식은 그것이 각각의 학문을 이루고 있다는 바로 그 점에서 공부거리로 받아들여졌다.

그러나 교과에 관한 그러한 전통적 견해는 듀이의 등장으로 말미암아 비판의 대상이 된다. 즉, 교과를 이루고 있는 지식이 공부의 대상이 되는 것은 그것이 교과를 이루고 있기 때문이 아니라 학습자가 당면하는 사태를 종결짓거나 그가 염두에 두고 있는 목적을 달성하는 데에 결정적인 요인이 되기 때문이다. 듀이가 보기에 교과 그 자체를 공부거리로 제시하는 것은 그 공부를 비효과적으로 만들 뿐이다. 그래서 교과공부가 효과적으로 이루어지기 위해서는 학습자로 하여금 교과가 자신이 도모하는 결실을 얻는 데에 중요한 역할을 한다는 점을 일깨워 주어야 한다.

언뜻 보면, 교과 혹은 교과교육에 관한 듀이의 그러한 주장은 그가 그것을 실제적 이익과 관련지어 파악한다는 식으로 파악될 수 있다. 아닌 게 아니라, 듀이가 실용주의자로 취급되는 것은 교과에 관한 그의 주장을 그러한 뜻으로 해석하는 데에서 비롯된 것이다. 듀이의 주장에 관한 그러한 평가를 따를 경우에 위의 인용문에 나타난 마지막 문장은 학습자가 교과를 활용하여 얻게 될 이익에 대한 생각이 곧 홍미라는 뜻으로 파악될 수밖에 없다. 그러나 그 이익은 여전히 교과 밖에 있는 것이라고 보아야 하며, 그런 만큼 그러한 생각은 홍미가 교과 속에 들어 있다는 듀이의 생각과 결코 동일한 것일 수 없다. 홍미가 교과와의 관련에 의하여 획득되는 것이라는 듀이의 생각을 온전하게 드러내기 위해서는 다시 다음과 같은 그의 말로 시선을 옮길 필요가 있다.

> 어떤 사람이 이런저런 것에 홍미가 있다고 말할 때, 우리는 그의 개인적 태도에 직접 강조를 둔다. 어떤 것에 홍미를 가지고 있다는 것은 그 대상에 몰두한다든가 푹 빠져 있다는 뜻이다. 홍미를 가진다는 것은 작심해서 살피고 신경을 쓰고 주의를 기울인다는 뜻이다. 홍미

> 를 가진 사람이라고 말을 할 때, 우리는 그 사람이 어떤 일에 자기 자신을 잃어버렸다는 것과 그 일 속에서 자기 자신을 찾았다는 것을 동시에 나타낸다. 이 두 가지 표현은 모두 그 대상 속에 자아가 몰입되어 있는 상태를 나타낸다(DE: 148).

위의 인용문에 나타난 바와 같이, 흥미를 가지고 있다는 것은 특정한 대상에 대하여 의도적으로 주의를 기울이고 있다는 것을 뜻한다. 흥미라는 것은 당사자가 자신이 대면하고 있는 대상을 그것으로부터 얻게 될 바깥의 이익과 관련지을 때 생기는 것이라기보다는 오직 그 대상의 안 또는 그 대상 자체에 관심을 기울일 때 생긴다는 것이 듀이의 견해다. 교과교육에 초점을 두고 말하면, 듀이가 염두에 두고 있는 흥미는 학습자가 자신의 마음 전체를 교과에 몰입시킬 때에 생겨나는 것, 차라리 학습자의 마음이 교과에 몰입된 상태를 가리키는 것으로 받아들일 수 있다.

듀이가 교과와 관련된 이러한 마음의 상태로서의 흥미를 '자신을 잃어버리는 것'과 '자신을 찾는 것' —정확하게 말하면 '마음을 잃어버린 상태'와 '마음을 찾은 상태' —이라는 두 가지 말로 기술하고 있다. 듀이의 그러한 말은 표면상 동일한 상태를 기술하는 것으로 받아들이기 어려울지 모르지만, 곰곰이 생각해 볼 경우에 반드시 그렇지만은 않다는 것을 알게 된다. 언뜻 보면, '마음을 잃어버린 상태'라는 말은 마음의 결여를 뜻하는 것처럼 보이지만, 이와 같은 뜻으로 읽는 것은 잘못이다. 듀이는 마음을 마치 모종의 물건처럼 기술하고 있지만, 마음은 그런 것이 아니기 때문이다.

'대상에 몰두한다든가 푹 빠져 있다.'는 듀이의 말에 비추어 해석하면, 흥미를 기술하는 그 말은 오히려 당사자의 마음이 온통 교과에 집중된 나머지 어디까지가 마음이고 어디까지가 교과인지 도대체 구분이 안 된다는 뜻으로 읽는 편이 옳다. 만일 마음과 교과의 구분이라는 것이 사라지는 그런 순간이 있다면, 마음과 교과가 혼연일체가 된 그것은 순전히 마음도 아니요, 순전히 교과도 아니라고 말해야 정확할 것이다. 그렇기는 해도 그 속에는 마음도 들어 있고 교과도 들어 있다는 바로 그 점에서, 그것은 마음이라고 불러도 무방하고 교과라고 불러도 무방하다. '마음을 찾은 상태'라는 말은 이와 같이 순전히 마음도 아니요, 순전히 교과도 아닌 것을 마음에 거점을 두고 규정하는 말로 해석될 수 있다. 듀이가 그러한 두 가지 말을 '대상 속에 자아가 몰입되어 있는 상태'라고 말하는 것은 이러한 맥락에서 이해될 수 있다. 그리하여 그러한 두 가지 말은 마음이 교과에 몰입된 한 가지 상태를 기술하는 상이한 표현으로 파악될 수 있다.

듀이가 염두에 두고 있는 흥미는 표면상 상반된 두 가지 표현에 의하여 지적되는 학습자의 마음과 교과가 하나로 연결된 상태를 가리킨다. 듀이가 흥미를 그것의 어원인 '사이에 있는 것'(inter-esse)이라는 뜻에 근거하여 '거리가 있는 두 사물을 관련짓는 것'으로 규정하려고 한 것은 이 점에서 중요성을 띤다(DE: 149). 사실상 학습자의 마음이 그와 같이 교과에 집중되지 않는 만큼 교과교육은 온전하게 이루어질 수 없다고 말해도 전혀 틀리지 않는다. 그러므로 '교과공부가 효과적으로 이루어지기 위해서는 학습자로 하여금 교과가 자신이 도모하는 결실을 얻는 데에 중요한 역할을 한다는 점을 일깨워 주어야 한다.'는 듀이의 주장은 다름 아닌 오직 그로 하여금 자신의 마음을 교과에 집중하도록 함으로써 이들 양자가 하나로 연결될 경우에 교과교육이 온전하게 이루어질 수 있다는 뜻으로 해석될 수 있다. 그리하여 듀이는 학습자의 마음과 교과를 하나로 연결시키는 것—경험이론의 용어로 질성과 정서에 의하여 주체와 대상이 연속성을 나타내는 것—이 '교육에서의 흥미에 관한 진정한 이론의 알파요, 오메가다.'라는 주장에 이르게 된다.

물론 흥미라는 개념을 통해서 이들 양자가 하나로 연결되어 있다는 견해는 표면상 학습자의 마음과 교과가 따로 떨어져 있다는 통념과 양립 불가능한 것처럼 보인다. 그렇기는 해도 듀이는 표면상 양립 불가능한 것처럼 보이는 그러한 두 가지 생각을 동시에 받아들일 수밖에 없는 불가피한 형편에 놓여 있었던 모양이다. 듀이가 어째서 그러한 두 가지 상반된 생각을 동시에 받아들이지 않으면 안 되었는가 하는 것은 이미 지적한 것이나 다름없다.

학습자의 마음과 교과가 따로 떨어져 있다는 통념은 앞서 지적한 바와 같이, 엄연한 사실을 지적하는 것 이상으로 교과교육이 필요한 이유가 된다. 학습자의 마음과 교과가 따로 떨어져 있지 않다는 것은 이미 그의 마음속에 교과가 완벽한 형태로 들어 있다는 뜻으로 해석될 수 있으며, 그럴 경우에 교과교육은 더 이상 필요하지 않은 것으로 되기 때문이다. 그러나 그렇다고 해서 이들 양자가 오직 따로 떨어져 있기만 해서는 안 된다. 그럴 경우에 교과교육은 듀이의 경험이론이 보여 주는 바와 같이, 불가능한 것으로 되기 때문이다.

듀이의 경험이론에 따르면, 주체와 대상의 연속성은 그들 사이의 교변작용이 일어나기 위한 조건이 된다. 그리고 그러한 생각은 이하 3절에서 드러날 바와 같이, 학습자의 마음이 교과를 배우는 일에도 그대로 적용된다. 교과교육으로 거점을 옮겨 놓고 말하면, 경험의 주체가 갖추고 있는 정서와 대상 속에 들어 있는 질성이 아이스테티카라는 동일한 대상을 상이한 측면에서 기술하는 용어라는 듀이의 생각은, 궁극적으로 흥미라는 개념에 의하여 지적되는 학습자의 마음과 교과의 연속성을 부각시키기 위한 사전 포석이라고 말할 수 있다. 그리고 아이스테티카에 근거하여 이루어지는 주체와 대상의 교변작용은 이하에서 드러날 바와 같이, 교과교육을 설명하기 위한 개념적 도구로 마련된 것이라고 말할 수 있다. 결국, 듀이는 교과교육의 필요성과 가능성을 지적하기 위하여 학습자의 마음과 교과 사이에 간극이 있다는 점과 이들 양자가 연속성을 나타낸다는 점을 부각시킨 것으로 생각된다. 그리고 이하 3절에서 설명된 이들 양자 사이의 교변작용은 그 점을 근거로 하여 설명된다.

3. 마음과 교과의 교변작용

듀이의 예술이론은 앞서 제2장에서 지적한 바와 같이, 교변작용이라는 평면의 좌우에 횡적으로 위치하는 주체와 대상이 하나로 연결되어 있다는 점과 주체와 대상의 교변작용은 그러한 연속성에 근거하여 일어난다는 점을 가장 세부적인 수준에서 보여 주기 위해서 마련된 것이다. 듀이의 흥미이론은 그러한 예술이론을 구축하면서 내내 품고 있었던 주체와 대상의 연속성을 명시적으로 지적하는 것에 지나지 않는다. 그러므로 듀이가 흥미라는 개념을 통해서 지적하는 학습자의 마음과 교과의 연속성은 이들 양자가 관계를 맺을 수 있는 근거에 해당한다고 말해야 한다. 교과교육 속에서 이들 양자가 관계를 맺는 과정—듀이의 용어를 빌어 말하면 학습자의 마음과 교과 사이에 일어나는 교변작용의 과정—은 이 점에서 연속성에 근거하여 설명될 수밖에 없다.[5] 듀이의 다음과 같은 말은 교과교육이 학습자의 마음과 교과의 연속성을 기반으로 하여 일어나는 교변작용으로 설명될 수 있다는 점을 보여 주는 것으로 받아들일 수 있다.

> 아동과 교과 사이의 차이를 정도의 차이로 이해하려면 우선 아동들의 현재 경험을 완전히 성장한 것이거나 완성된 것으로 보는 생각을 버려야 합니다. 아동들의 경험은 살아 움직이는 것이며, 흐르는 물처럼 끊임없이 변화하는 것이며, 새싹처럼 앞으로 성장할 가능성을 내포하고 있는 것입니다. 그리고 아동과 교육과정은 서로 대립되는 것이 아니라 단지 교육이라는 활동을 명확하게 규정지어 주는 양 끝일 뿐입니다. 두 점이 하나의 직선을 규정해 주는 것과 마찬가지로 아동의 현재 상태와 교과를 구성하는 사실과 지식은 가르치는 활동을 규정해 줍니다. 교수활동은 아동의 현재 경험으로부터 교과라고 부르는 조직된 지식의 체계로 움직여 가는 계속적인 재구성 과정을 가리킵니다. 그러므로 아동과 교과 사이의 차이를 정도상의 차이만 있는 것으로 받아들이려면 우리는 무엇보다도 교과를 아동의 경험

---

5) 격물치지론과 관련된 왕양명의 다음과 같은 일화는 듀이의 연속성을 이해하는 데에 좋은 단서를 제공한다. 그는 어느 봄날 동료들과 소풍을 갔다가 산에 붉게 핀 진달래를 보고 다음과 같은 질문을 했다고 한다. "저 산에 붉게 핀 진달래와 나의 마음 사이에 하등 닮은 점이 없는데도 어떻게 그 사이에 교섭이 있을 수 있는가?" 왕양명은 이 질문과 목숨을 건 한판 대결을 강행한 결과로 "마음 바깥에 사물이 없다(心外無物)."는 기본적인 명제를 얻게 되었다고 한다. 왕양명의 질문과 관련하여 해석하면, 마음이 곧 진달래요, 진달래가 곧 마음인 그런 상태가 있다는 것이 왕양명의 생각이며, 그는 그 생각에 근거하여 마음과 세계의 교섭 과정을 설명하게 된다("전습록" 하75; 이홍우, 2000b: 6-12).

밖에 있는 것으로 보거나, 원래부터 주어진 것이며 불변하는 것으로 보는 옛 생각을 과감히 내던져야 합니다(CC: 44).

위의 인용문에 나타난 마지막 문장은 교과교육에 관한 상식적인 견해를 겨냥한 듀이의 비판을 담고 있는 것으로 생각된다. 보통의 경우에 학습자의 마음은 그릇과 같은 물리적 공간으로 생각되며, 교과 또한 학습자의 마음 바깥에 있는 하나의 실체로 간주된다. 물론 학습자의 마음과 교과에 관한 그러한 상식적인 생각이 완전히 그릇된 것이라고는 말할 수 없을지 모른다. 그렇기는 해도 그러한 생각은 앞서 지적한 바와 같이 결코 온전한 생각일 수 없다. 듀이의 입장에서 말하면, 그러한 상식적인 생각에서는 학습자의 마음과 교과 사이에 엄연히 일어나는 교변작용이 도저히 설명되지 않는다. 그럴 경우에 교과교육은 우연히 일어나는 것에 지나지 않는 것으로 되며, 급기야 교과교육의 목적은 어떤 것으로 되어도 좋다는 생각이 득세하게 된다. 교과교육에 관한 상식적인 생각은 이 점에서 결정적인 난점을 드러낸다. 그리고 듀이는 그 난점을 경계하기 위하여 그러한 상식적인 생각을 강하게 부정하는 것으로 생각된다.

듀이가 교과교육에 관한 상식적인 생각을 부정하면서 제시하는 대안이 어떤 것인가 하는 것은 다음과 같은 문장에 나타나 있다. 교과에 대한 아동의 경험은 '살아 움직이는 것이며 흐르는 물처럼 끊임없이 변화하는 것'이며, 학습자의 마음은 언제나 '새싹처럼 앞으로 성장할 가능성을 내포하고 있다.'는 것이 바로 그 대안이다. 교과교육을 통해서 학습자의 마음이 성장한다는 것은 어렵지 않게 받아들일 수 있겠지만, 교과가 유동적이고 생동적인 것이라는 생각은 쉽게 납득되지 않을지 모른다. 교과에 관한 듀이의 그 생각이 쉽게 납득되지 않는 것은 그 말을 문자 그대로 받아들이기 때문이다. 사실상 교과가 교육의 과정 속으로 들어온다고 해서 그 자체에 무엇인가 덧붙여지거나 그 속에 들어 있던 어떤 것이 밖으로 빠져나가는 식의 물리적인 변화를 겪게 되는 것은 아니다. 그럼에도 불구하고 교과가 유동적인 것이나 생동적인 것으로 된다고 말한다면, 그 말은 그러한 물리적 변화를 가리키는 것이 아니라 교과를 바라보는 우리의 시각의 변화 또는 논리적 분석을 통해서 드러나는 교과의 성격의 변화를 가리킨다고 볼 수밖에 없다. 교과의 성격은 학습자와 무관하게 그 자체로 규정될 수 있다는 상식적인 생각과는 달리 오직 학습자와의 관련 속에서 혹은 이들 양자의 교변작용 속에서 규정될 수 있다는 것이 듀이의 입장인 셈이다(CC: 46).

교과의 성격을 규정하는 방식에 관한 듀이의 이러한 생각은 학습자의 마음을 규정하는 데에도 그대로 적용될 수 있다. 교과교육을 통해서 학습자의 마음이 성장한다는 듀이의 말은 하등 특이한 것이 없는 상투적인 말로 보일지 모른다. 그러나 그것을 그저 평범한 말로 받아들일 경우에 그 말은 교과교육에 관한 통념이 보여 주는 바와 같이 바깥에 있는 교과가 학습자의 마음속으로 들어와서 그 내용물이 양적으로 늘어난다는 뜻으로 파악될 수밖에 없다. 그리하여 학습자의 마음이 교과교육을 통하여 계속적으로 재구성된다는 마지막 문장은 마치 컴퓨터의 디스크에 데이터를 저장하듯이 교과의 표면을 이루고 있는 문자를 그대로 학습자의 마음속에 옮겨 놓는다는 뜻을 나타내는 것으로 전락하게 된다.

그러나 듀이를 옹호하는 사람이든 비판하는 사람이든 간에 교과교육을 그와 같이 학습자로 하여금 교과 속에 들어 있는 문자를 그대로 기억하도록 하는 일로 간주하는 사람은 아무도 없을 것이다. 오늘날 암기식 교육이라는 부정적 용어로 지칭되는 그런 종류의 일이 어느 정도인가 하면, 교과교육에서 척결해야 할 대상으로 간주되고 있다. 듀이는 그런 종류의 교육을 비판하는 사람의 선두주자라고 말해도 전혀 틀리지 않을 것이다. 세 번째 문장에 나타난 '아동과 교육과정은 단일한 과정의 양 끝에 불과하다.'는 말은 교과교육에 관한 통념 속에 들어 있는 그러한 불행한 사태를 경계하고, 교과교육이 학습자의 마음과 교과의 교변작용으로 파악되어야 한다는 점을 지적하기 위한 예비적인 작업으로 생각된다.

듀이의 그 말을 이어지는 문장과 관련지어 말하면, 먼저 그 말에 나타난 '한 가지 과정'이라는 것은 확실히 교과교육을 가리킨다고 보아야 하며, 아동과 교육과정을 각각 학습자의 마음과 교과로 바꾸어 읽어도 무방하다. 그러므로 세 번째 문장의 그 말은 학습자의 마음과 교과가 비록 교과교육이라는 한 가지 과정의 '양 끝'에 해당하는 만큼 다르다고 보아야 하겠지만 바로 그 '한 가지 과정'의 양 끝에 해당한다는 점에서 하나로 연결되어 있다는 뜻으로 읽을 수 있다. 듀이의 그 말은 이 점에서 학습자의 마음과 교과의 연속성을 지적하는 것으로 받아들일 수 있다. 위의 인용문에 직접적으로 지적되어 있지는 않지만 세 번째 문장이 보여 주는 학습자의 마음과 교과의 연속성은 앞서 지적한 바와 같이 이들 양자 사이의 교변작용을 설명하는 개념적 도구가 된다. 그리고 학습자의 마음이 교과 그 자체로 되는 계속적인 재구성의 과정은 마지막 문장이 보여 주는 바와 같이 바로 그 연속성을 기반으로 하여 일어나는 교변작용으로 설명될 수 있다.

듀이의 이론체계 내에서 교과교육에 관한 설명은 이와 같이 학습자의 마음과 교과의 교변작용을 드러내는 일로 귀착되지만, 학습자의 마음과 교과 사이의 교변작용의 세부적인 과정에 관한 듀이의 직접적인 설명은 어디에서도 찾아볼 수 없다. 그러므로 교변작용이 일어나는 세부적인 과정을 드러내기 위해서는 그의 이론 밖으로 시선을 옮길 수밖에 없다. 그렇기는 해도 이하에서는 우선 그의 이론 속에 들어 있는 단서를 토대로 하여 그가 품고 있었을 것으로 생각되는 설명을 재구성하고자 한다.

듀이의 이론체계 내에서 교변작용이 일어나는 과정을 이해하기 위한 단서를 찾을 경우에 논리적인 것과 심리적인 것의 관계에 관한 그의 설명은 다른 어떤 것보다도 주목의 대상이 되고 있다(박재문, 1998: 57). 듀이는 경험을 논리적 측면과 심리적 측면으로 구분하고, 그 각각을 교과와 학습자의 마음에 배당한다(DE: 256-260; CC: 56-59). 그리고 다른 장면에서 이들 양자의 관계를 탐험가의 탐험 기록과 탐험 후에 완성된 지도의 관계에 비유하여 설명한다(CC: 56-59). 듀이의 그러한 설명에 따르면, 학습자가 교변작용에 참여함으로써 자신의 마음을 형성하는 과정은 형태상 탐험가가 탐험의 과정을 기록하는 것과 다르지 않다. 학습자는 마치 탐험가가 탐험의 최종적인 결과로 지도를 만들게 되는 것과 마찬가지로 그 과정에서 자신의 마음을 교과로 만들게 된다. 듀이는 학습자의 마음이 교과로 되는 그러한 과정을 학습자의 심리적 조직이 교과의 논리적 조직으로 전환되는 과정으로 파악하는 동시에 그 과정을 '심리화'라는 용어로 규정하고 있다(CC: 62; 김수천, 1989: 76).

그러나 심리화라는 용어로 규정되는 그러한 설명 또한 교변작용 못지않게 세부적인 내용이 결여되어 있다. 심리화라는 용어가 자아내는 일반적인 의미 때문인 것으로 생각되지만, 그 설명은 어느 정도인가 하면 교변작용에 관한 그릇된 연상을 불러일으킬 가능성이 다분하다. 즉, 그 설명은 음식물이 몸속으로 들어와서 피가 되고 살이 되는 것과 마찬가지로, 바깥에 있는 교과가 마음속으로 들어와서 마음의 성분이 되는 장면을 연상시킬 수 있다. 듀이는 그러한 그릇된 사태가 벌어지는 것을 예견이라도 했다는 듯이 미리 그 사태에 대한 비판적 입장을 표방하고 있다. 헤겔의 견해에 대한 듀이의 비판은 바로 그 비판적 입장을 단적으로 보여 준다.

헤겔은 개인과 사회의 관계에 관한 독특한 견해를 표방하는 것으로 알려져 있다. 개인은 사회를 떠나서는 존재할 수 없으며, 사회를 떠난 개인은 실체를 가질 수 없다는 것이 바로 그 견해다(이홍우, 1982: 5). 개인과 사회의 관계에 관한 헤겔의 그러한 견해 속에는 사회가 개인의 발전을 도모하기 위한 유일한 기반이라는 생각이 이미 붙박여 있다. 헤겔의 그러한 생각은 그가 교과교육을 어떤 방식으로 파악하게 되는지를 단도직입적으로 보여 준다. 즉, 교과교육의 초점은 학습자의 마음이 아니라 교과에 있으며, 학습자의 마음은 그것의 바깥에 있는 교과를 기반으로 하여 형성된다는 것이다(DE: 69-70, 108-115).

교과교육에 관한 헤겔의 이러한 견해는 비록 그가 의도한 것은 아니라 하더라도 학습자의 마음을 지나치게 수동적인 것으로 간주하는 것으로 보일 수 있다. 그리고 그런 만큼 그의 견해는 바깥에 있는 교과를 학습자의 마음속으로 이동시키는 것이 교과교육이라는 생각을 드러내는 것으로 여겨질 수 있다. 교과교육에 관한 헤겔의 견해는 이 점에서 심리화라는 용어와 완전히 동일한 길을 걷게 된다고 말할 수 있다. 헤겔의 견해가 걷게 되는 그러한 불행한 행보는 듀이의 저작에서 그것과 대비되어 등장하는 루소의 견해에 의하여 보다 극명하게 드러난다.

루소의 철학은 '자연'이라는 개념을 중심으로 하여 전개되는 것으로 알려져 있다. 루소가 자연이라는 개념을 개인과 사회의 유기체적 일체감으로 규정한다는 데에 대해서는 의문의 여지가 없지만, 그는 기이하게도 개인이 사회를 대면하기 이전의 상태로 되돌아감으로써 그 일체감을 회복할 수 있다고 말한다(이홍우, 1982: 4). 그의 이러한 주장 속에는 개인과 사회의 관계에 관한 헤겔의 그것과는 다른 견해가 반영되어 있다. 사회는 개인을 구속하는 족쇄이며, 개인은 오직 사회의 구속에서 벗어남으로써 본성을 회복할 수 있다는 생각이 그것이다. 보다 적극적으로 말하면, 개인의 마음속에는 선천적으로 본성이라는 것이 갖추어져 있으며, 개인과 사회의 유기체적 일체감은 사회를 기반으로 하여 획득되는 것이 아니라 바로 그 본성의 발현에 의하여 회복된다는 것이다. 자연의 경지에 이르는 과정에 관한 그러한 생각과 일관되게 해석할 경우에, 루소에 의하여 파악되는 교과교육은 학습자가 자신의 마음 바깥에 있는 교과를 계기로 하여 자신의 본성을 외부적으로 표현하는 과정 이외에 다른 것일 수 없으며, 학습자는 그 과정에서 자신의 마음과 교과의 유기체적 일체감을 획득하게 된다고 말할 수 있다.

헤겔과 루소의 그러한 견해는 표면상 교과교육에 관한 두 가지 상이한 입장을 나타내며, 그런 만큼 그 각각에 들어 있는 난점은 상이한 관점에서 비판되어야 하는 것처럼 보인다. 그러나 듀이가 보기에 그들은 두 가지 상이한 잘못을 범하는 것이 아니라 한 가지 공통된 잘못을 상이한 거점에서 저지르고 있다. 듀이의 눈에 포착된 그들의 공통된 잘못은 학습자의 마음이 교과와 교변작용을 일으키는 구체적인 사태로부터 이들 양자를 추상해 낸 이후에, 그중의 어느 한 쪽에 초점을 두고 이들 양자를 대립되는 것으로 파악한다는 식으로 요약될 수 있다(이홍우, 1982: 12; 차미란, 1987: 27). 말하자면, 학습자의 마음과 교과는 이들 양자의 교변작용으로부터 추상해 낸 그것의 두 측면임에도 불구하고, 그들은 그중의 어느 한 측면을 지나치게 강조한 나머지 그 각각을 별도의 실체로 격상시키는 이원론의 오류를 범하고 있다는 것이 듀이의 견해다.

헤겔과 루소를 겨냥한 그러한 듀이의 비판에 근거하여 말하면, 학습자의 심리적 조직이 교과의 논리적 조직으로 전환된다는 앞의 주장은 그들이 시도한 것처럼 오직 학습자의 마음과 교과 중의 어느 한 쪽에 거점을 두고 파악할 경우에 결코 온전하게 이해되지 않는다. 바꾸어 말하면, 듀이의 그 주장은 그들에 의하여 부각되는 교과의 논리적 측면과 심리적 측면이 교변작용의 두 측면이라는 그의 지적이 시사하는 바와 같이 오직 그러한 두 측면을 동시에 고려함으로써 온전하게 이해될 수 있다. 듀이의 그 주장은 이 점에서 그것에 의하여 부각되는 학습자의 마음과 교과의 교변작용이 일어나는 과정을 가능한 한도 내에서 가장 세부적으로 검토하라는 요구로 받아들이는 편이 옳다. 다음과 같은 듀이의 말은 그 교변작용을 세부적인 수준에서 검토하는 좋은 단서를 제공한다.

그렇다면 이러한 대립을 극복하기 위해서는 무엇이 필요합니까? 이러한 대립을 극복하기 위해서는 무엇보다도 아동의 경험과 교육과정 양자를 전혀 다른 것, 즉 '종류상'의 차이가 있는 것이 아니라 서로 연속선상에 있는 것, 즉 '정도상'의 차이가 있는 것으로 이해해야 합니다. 아동의 경험을 중심으로 생각한다면, 이 문제는 경험이 어떤 식으로 그리고 어떤 형태로 체계화된 교과를 포함하고 있는지를 이해하는 것입니다. 좀 더 자세히 말하면, 교과는 과거에 있었던 어떤 성인 또는 학자의 경험으로부터 나온 것입니다. 성인 또는 학자의 경험이 우리가 현재 접하는 교과로 발전하기 위해서는 특정한 태도, 동기 그리고 흥미(관심)가 작용해야 합니다. 특히 중요한 것은 경험 그 자체 내에 이러한 태도, 동기, 흥미(관심)가 어떤 식으로든 포함되어 있으며 작용하고 있다는 점입니다. 경험 내에 있는 태도, 동기, 흥미가 경험 내용을 일정한 교과로 이끌어 가게 됩니다. 이러한 일련의 관련을 잘 이해하게 될 때 경험과 교과의 차이는 정도상의 문제로 이해하게 될 것입니다. 교과를 중심으로 생각한다면, 이 문제는 교과는 아동의 경험과 무관한 것이 아니라 아동의 경험 속에서 작용하는 역동적인 힘들이 이룩하게 될 성과물로 보는 것입니다. 그리고 일단 아동의 현재 경험과 풍부하고 성숙된 내용을 담고 있는 교과 사이에 차이가 있다는 것을 인정한다면, 보다 중요한 것은 아동의 미성숙한 경험이 보다 풍부하며 성숙한 내용에로 나아가기 위하여 어떤 단계와 과정을 거쳐야 하는지를 이해하는 것입니다(CC: 43-44).

위의 인용문에 나타난 학습자의 경험을 학습자의 마음과 바꾸어 읽어도 무방하다는 것은 이미 지적한 바 있다. 전반부의 문장이 담고 있는 아동의 경험과 교과 사이의 관계는 이 점에서 학습자의 마음과 교과의 관계를 지적하는 것으로 받아들일 수 있다. 듀이는 여기에서 그 관계를 다시 '정도'와 '종류'라는 두 가지 관점에서 구체화하고 있다. 먼저 학습자의 마음과 교과가 '정도에 있어서 차이가 있다.'는 말은 앞서 지적한 바와 같이 이들 양자 사이에 간극이 있다는 뜻을 나타낸다. 듀이가 그 간극을 지적하는 이유는 단순히 그것에 관한 통념을 존중하는 데에 있다기보다는 교과교육의 필요성을 부각시키는 데에 있다. 즉, 학습자가 교과를 배우는 일이 필요한 것은 자신의 마음과 교과 사이에 간극이 있기 때문이다. 그리고 그 통념은 교과교육의 필요성을 부각시킨다는 점에서 중요성을 띤다.

그렇기는 해도 오직 학습자의 마음과 교과가 수준에 있어서 구별된다는 사실만으로 교과교육이 온전하게 설명되는 것은 아니다. 앞서 지적한 바와 같이, 교과교육이 가능하기 위해서는 이들 양자가 모종의 공통분모로 연결되어 있다는 사실을 받아들이지 않으면 안 된다. 학습자의 마음과 교과가 '종류상의 차이가 있는 것이 아니라'는 듀이의 지적은 이 점을 드러내기 위한 것으로 생각된다. 듀이가 보기에, 이들 양자는 비록 표면상 따로 떨어져 있기는 하지만 결코 그 종류에 있어서 다르지 않다. 듀이가 내세우는 연속성은 이와 같이 표면상 따로 떨어져 있는 것처럼 보이는 이들 양자가 그 이면에 있는 모종의 공통분모로 연결되어 있다는 점을 지적하는 개념으로 받아들이는 것이 옳다. 그리하여 학습자의 마음과 교과는 이미 2절에서 지적한 바와 같이 이들 양자가 따로 떨어져 있는 표면과 그것을 하나로 압축하고 있는 이면이 결합된 구조를 나타내는 것으로 된다.

학습자의 마음과 교과는 이와 같이 이들 양자가 구분되는 표면과 그것이 하나인 이면—그 각각과 동일한 공간적 비유를 나타내는 용어로 아래층과 위층—이 정확하게 겹쳐서 맞붙어 있는 한 개의 구조를 나타내는 것으로 파악된다(이홍우, 2001: 15). 부버의 용어를 빌어 말하면, 학습자의 마음과 교과는 연속성이라는 개념에 의하여 '중층구조'를 나타낸다고 말할 수 있다(Buber, 1983: 9). 학습자의 마음과 교과가 중층구조를 나타낸다는 것은 이들 양자 사이에 교변작용이 일어날 수 있는 기반이 되며, 이들 양자의 교변작용은 오직 중층구조의 아이디어에 의하여 설명될 수 있다.

마음과 교과 사이의 교변작용은 그 용어가 시사하는 바와 같이 이들 양자가 영향을 주고받는 이중의 활동이다. 그러므로 교변작용을 온전하게 이해하기 위해서는 그 이중의 활동을 모두 고려하지 않으면 안 된다. 즉, 그 일은 학습자의 마음에 거점을 두고 파악되는 교변작용과 거점을 교과로 옮겨 놓을 경우에 파악되는 교변작용을 모두 드러냄으로써 온전하게 실현될 수 있다. 위의 인용문에 나타난 그다음의 문장들은 그러한 두 가지 일에 대한 듀이의 시도를 보여 주는 것으로 생각된다.

먼저 '아동의 경험을 중심으로 생각한다면…….'이라는 문장의 이후 설명은 학습자의 마음속에 교과와 동일한 요소가 갖추어져 있다는 점을 지적하고 있다. 당장 그 지적은 우리로 하여금 학습자의 마음속에 들어 있는 어떤 것이 교과 속에 들어 있는 어떤 것과 크기나 모양 혹은 성격 등을 같이한다는 생각을 떠올리게 만든다. 그러나 듀이는 그 설명의 후반부에 나타난 부가적인 설명을 통해서 그러한 생각을 미연에 차단하고 있다. 듀이의 그 부가적인 설명에 따르면, 학습자의 마음과 교과 속에 들어 있는 동일한 요소는 태도나 동기 혹은 흥미 등으로 요약된다. 그리고 듀이가 염두에 두고 있는 흥미는 이미 2절에서 고찰한 바와 같이 학습자의 마음과 교과가 하나로 연결된 상태 또는 이들 양자의 구분이 사라진 상태를 가리킨다. 그러므로 그 동일한 요소라는 것은 학습자의 마음과 교과를 연결하는 단 하나의 공통분모를 가리킨다고 말할 수 있다. 중층구조의 아이디어를 빌어 말하면, 그것은 중층의 위층 이외에 다른 것일 수 없다. 그리하여 두 번째 문장은 중층의 위층이 가리키는 바로 그 공통분모가 학습자의 마음을 교과로 만드는 데에 활용된다는 뜻을 나타내는 것으로 된다.

학습자의 마음이 교과로 되는 데에 중층의 위층이 어떻게 활동되는지를 확인하기 위해서는 다시 교과를 배우는 일에 관한 통념이 어떤 점에서 그릇된 것인지를 되돌아볼 필요가 있다. 앞서 지적한 바와 같이, 교과를 배우는 일은 흔히 바깥에 있는 교과가 학습자의 마음 안으로 이동하는 일로 생각되지만, 그러한 통념은 결코 타당한 것일 수 없다. 교과를 배우는 일에 관한 그러한 통념을 부정하고 나면, 그 일은 필경 학습자의 마음속에 인식되지는 않는 형태로 갖추어져 있던 중층의 위층이 우리 눈에 확인되는 교과의 형태로 표현되는 것일 수밖에 없다. 학습자가 교과교육에 참여한 결과로 획득하게 되는 교과의 내용은 이와 같이 그의 마음속에 갖추어져 있던 중층의 위층이 바깥에 있는 교과를 계기로 하여 외부적으로 표현되는 것이라고 말할 수 있다. 마지막의 설명에 나타난 '아동의 미성숙한 경험이 보다 풍부하며 성숙한 내용에로 나아가기 위하여 어떤 단계와 과정을 거쳐야 하는지를 이해하는 것입니다.'라는 듀이의 말은 이러한 뜻으로 읽을 수 있다.

그러나 그렇다고 해서 교과를 배우는 일에 관한 듀이의 생각이 그것으로 완결된다고 생각하는 것은 잘못이다. 그럴 경우에 교과를 배우는 일은 교과의 표면을 이루는 글자를 머릿속에 기억하는 일 이외에 아무것도 아닌 것으로 되며, 급기야 학습자의 마음이 '교과가 나타내는 보다 풍부하고 성숙된 경험'으로 된다는 듀이의 주장은 부당하게 묵살될 수밖에 없기 때문이다. 교과 속에 들어 있는 보다 풍부하고 성숙된 경험을 획득하는 것은 어느 정도인가 하면, 듀이에 의하여 파악되는 교과교육의 궁극적 목적에 해당한다고 말해도 전혀 틀리지 않는다. 교과교육의 궁극적 목적에 관한 그러한 듀이의 견해는 다음의 말을 통해서 확인할 수 있다.

> 불에 덴 아이는 특정한 색깔로 보이는 물체를 만지면 뜨겁고 아프다든가, 어떤 색깔은 열을 낸다는 것을 '알게' 된다. 실험실에서 불꽃에 대하여 연구하는 과학자가 하는 일은 이와 조금도 다름이 없다. 아이는 (그 결과로) 불꽃의 의미를 알게 된다. 연소나 산화 혹은 빛과 온도에 관하여 우리가 알고 있는 모든 것은 그 아이의 지적 내용의 내재적인 한 부분이 되는 것이다(DE: 90).

보통의 경우에 과학자가 실험실에서 하는 활동과 아동이 일상생활에서 겪게 되는 활동은 완전히 다른 것으로 생각된다. 아동의 활동과 과학자의 활동에 관한 이러한 통념은 다음 순간에 그러한 두 가지 활동을 통해서 갖추게 되는 각각의 마음이 다르다는 생각으로 나타난다. 그러나 듀이가 보기에 아동의 활동이 모든 면에서 과학자의 활동과 완전히 동일한 것은 아니라 하더라도, 그 각각의 활동을 통해서 알게 되는 것이 그 활동 속에 들어 있는 '의미'라는 점에서는 결코 다르지 않다. 즉, 아동은 자신이 참여하는 활동을 통해서 과학자들이 알게 되는 바로 그것을 고스란히 획득하게 된다.

듀이의 이러한 생각은 교과를 배우는 일에도 그대로 적용될 수 있다. 통념을 두고 말하면, 학습자가 교과를 배우는 일과 각 학문의 최첨단에서 학자들이 하는 일은 종류상 동일하지 않다. 그래서 학습자가 교과를 배움으로써 획득하게 되는 것은 학자들이 학문적 활동을 통해서 획득하게 되는 것과 결코 동일할 수 없다. 그러나 그러한 통념은 듀이의 견해와는 거리가 멀다. 아동의 활동과 과학자의 활동과의 관련에 관한 듀이의 견해에 따르면, 학습자가 교과를 배우는 일과 학자들이 수행하는 학문적 활동은 비록 수준에 있어서 차이를 나타내기는 하지만 그 종류에 있어서 다르지 않으며, 이 점에서 학습자와 학자가 그 각각의 활동을 통해서 획득하게 되는 것은 결코 상이한 것일 수 없다. 즉, 그들은 상이한 수준에서 조직된 동일한 종류의 재료를 통해서 그 속에 들어 있는 한 가지 의미를 획득하게 된다.

교과교육에 관한 듀이의 이러한 견해 속에는 교과의 구조에 관한 특별한 생각에 근거하고 있다. 교과는 흔히 문자로 이루어져 있는 것으로 생각된다. 사실상 교과는 문자에 의존하지 않는 한 존재할 수 없으며, 이 점에서 교과가 문자로 이루어져 있다는 생각은 그다지 그릇되지 않은 것처럼 보인다. 그러나 교과가 오직 문자로 이루어져 있을 경우에 학습자가 교과를 통해서 의미를 획득하는 일은 원칙상 불가능한 것으로 된다. 그런데 학습자가 교과를 배우는 과정에서 의미를 획득하는 일은 엄연히 일어나고 있다. 차라리 교과교육의 목적은 학습자로 하여금 문자를 배우는 과정에서 그 의미를 획득하도록 하는 데에 있다고 말하는 편이 정확하다.

교과교육의 목적에 관한 그러한 견해에 근거하여 말하면, 교과에는 문자가 위치하는 표면 이외에 이면이라고 할 만한 것이 있으며, 교과의 이면에는 문자를 배우는 과정에서 획득되는 의미가 들어 있다고 보지 않으면 안 된다. 교과가 이와 같이 표면과 이면이라는 두 면의 결합으로 이루어져 있다는 생각은 앞서 지적한 중층구조의 아이디어를 교과에 거점을 두고 기술하는 것에 지나지 않다. 교과가 그러한 중층구조를 나타낸다는 점에 착안하여 문자와 의미의 관계를 구체화하면, 교과의 표면을 이루는 문자는 그 이면에 위치하는 의미가 외부적으로 표현된 것이다. 그리고 교과의 이면에 들어 있는 의미는 그것의 표면에 나타난 문자의 원천에 해당한다고 말할 수 있다. 그리하여 교과는 학습자로 하여금 그것의 표면에 있는 문자를 배우는 과정에 참여하도록 함으로써 교과의 이면에 위치하는 문자의 원천인 의미를 획득하도록 이끄는 장치로 된다.

그런데 교과가 학습자로 하여금 자신의 마음을 그 이면에 위치하는 그것의 원천으로 만들도록 이끈다는 말은 학습자의 마음과 교과 사이에 일어나는 교변작용을 교과에 거점을 두고 드러낸 것이라고 말할 수 있다. 그러나 눈에 보이지 않는 것을 믿으려고 하지 않는 사람들에게는 그런 식의 말이 쉽게 납득되지 않는다. 왜냐하면 교과는 학습자를 어디엔가로 이끌어 갈 수 있는 생명체가 아니기 때문이다. 그러므로 교과의 그러한 역할에 대해서는 모종의 해명이 필요한 것으로 된다. 그러나 불행히도 듀이는 교과가 수행하는 그러한 역할이 '학습자가 교과를 배우는 과정에서 그 속에 들어 있는 보다 풍부하고 성숙된 의미를 획득하게 된다.'는 식으로 기술하고 있을 뿐, 그의 이론체계 내에서는 그것에 대한 구체적인 해명은 찾아볼 수 없다.

교과가 어떻게 학습자의 마음을 교과의 원천 또는 교과 그 자체로 만들 수 있는가에 대한 해명을 이하 제4장에서 상세하게 다루겠지만 미리 말하면, 어쨌든 교과교육에 관한 듀이의 견해는 학습자의 마음과 교과의 교변작용이 마음과 교과라는 두 가지 거점에서 파악될 수 있다는 것, 그러한 두 가지 거점에서 파악되는 교변작용은 각각 학습자가 자신의 마음속에 갖추어져 있는 중층의 위층을 문자로 표현하는 일과 교과가 학습자로 하여금 자신의 마음을 그것의 원천 또는 교과 그 자체로 만드는 일로 파악된다는 것으로 요약할 수 있다. 언뜻 보면, 학습자가 문자를 획득하게 되는 일과 자신의 마음을 그것의 원천으로 만드는 일은 따로 떨어져서 별도로 일어나는 두 가지 일처럼 생각되지만, 그러한 생각은 교변작용의 성격상 용납되지 않는다. 누차 지적한 바와 같이 교변작용은 학습자의 마음과 교과라는 두 가지 거점에서 파악될 수 있으며, 그러한 두 가지 거점에서 파악되는 각각의 활동은 교변작용의 두 측면에 지나지 않는다. 이 점에서 학습자가 교과교육을 통해서 문자를 획득하게 되는 일과 자신의 마음을 교과의 원천 또는 교과 그 자체로 만드는 일은 결코 따로 떨어져서 별도로 일어나는 두 가지 활동일 수 없다. 요컨대, 교과교육에 관한 듀이의 견해는 학습자가 자신의 마음과 교과의 교변작용에 참여함으로써 교과의 표면을 이루는 문자를 배우는 동시에 자신의 마음을 그 이면에 들어 있는 그것의 의미 또는 교과 그 자체로 만들게 된다고 주장하는 것으로 압축할 수 있다.

제4장

교과교육의 목적과 교육인식론

듀이의 경험이론은 이미 제2장에서 고찰한 바와 같이 예술이론과 종교이론을 두 축으로 삼고 있다. 즉, 그의 예술이론은 주체와 대상의 연속성을 가장 세부적인 수준에서 보여 주기 위하여 마련된 것이며, 그것에 기반을 두고 일어나는 주체와 대상의 교변작용은 그의 종교이론에 의하여 설명된다. 듀이의 교과교육이론은 다름 아닌 경험이론 속에 들어 있는 그러한 아이디어를 교과교육의 장면에서 구체화한 것이라고 말할 수 있다. 듀이의 이론체계 내에서 경험이론과 교과교육이론이 맺고 있는 그러한 관계는 앞서 제3장에서 고찰한 바 있다.

그런데 듀이는 주체와 대상의 연속성 혹은 학습자의 마음과 교과의 연속성에 대해서는 비교적 세밀하게 언급하고 있지만, 그것에 근거하여 일어나는 이들 양자의 교변작용에 대해서는 그다지 명쾌하게 설명하고 있지 않다. 짐작컨대, 듀이는 이들 양자의 교변작용이 그 속에 들어 있는 주체와 대상 혹은 마음과 교과라는 두 가지 거점에서 파악될 수 있음을 지적하고, 그 각각의 거점에서 파악되는 교변작용의 지향점을 지적하는 것으로 교변작용의 역동적 과정을 드러낸 것이나 다름없다고 생각했을 것이다. 그렇기는 해도 그것을 단서로 하여 교변작용이 일어나는 과정을 구체적으로 파악한다는 것은 결코 쉬운 일이 아니다. 이 점에서 듀이의 경험이론과 교과교육이론은 보다 친절한 해명이 요구된다고 말할 수 있다.

본 장은 이러한 요구에 부응하는 데에 할애된다. 최근의 한 연구에 따르면 교변작용과 연속성을 핵심적인 개념으로 하여 확립된 듀이의 경험이론은 '해석학적 순환'과 관련하여 파악되지 않으면 안 된다(정덕희, 1993: 25). 그리고 격물치지론 또한 해석학적 순환 과정을 설명하는 이론으로 파악될 수 있다(Cheng Chung-Ying, 1986: 176). 본 연구에서 성리학자들에 의하여 설명되는 격물치지론에 주목하는 이유가 바로 여기에 있다. 먼저 본 장의 1절에서 격물치지론이 주체와 대상 사이에 일어나는 순환 과정을 어떻게 설명하고 있는가 하는 것과 더불어 그것이 지향하는 이상적인 경지가 어떤 것인지를 고찰한다. 그리고 2절에서 격물치지론의 아이디어에 근거하여 듀이가 내세우는 교변작용의 역동적 과정을 드러낸다. 듀이가 교과교육의 목적으로 내세우는 '성장'이라는 것이 구체적으로 어떻게 이해되어야 하는가는 그 과정에서 자연스럽게 드러날 것으로 생각된다. 끝으로 3절에서는 듀이의 교과교육이론이 최근에 와서 조명을 받고 있는 교육인식론적 관점을 나타낸다는 점을 확인하는 동시에 교과교육의 목적으로 간주되는 해득이라는 것이 어떤 경지를 가리키는 것으로 파악되어야 하는지를 고찰한다.

1. 자득과 격물치지론

'자득'(自得)은 경전 공부를 통해서 이르게 되는 이상적인 경지를 인식론적 관점에서 일컫는 동양 철학의 독특한 개념이다. 언뜻 보면 우리 선조들이 배우던 경전은 오늘날의 교과와 성격이 다른 것처럼 보인다. 그래서 자득이 교과를 배움으로써 이르게 되는 이상적인 경지를 드러내는 데에 중요한 단서를 제공하게 된다는 것은 쉽게 납득되지 않는다. 그러므로 자득이라는 개념에 비추어 '해득'(解得)이라는 것이 어떤 것인지를 드러내기 이전에 먼저 경전이 그 성격에 있어서 교과와 다르지 않다는 점을 논의할 필요가 있다.

오늘날 교육의 대상이 되고 있는 '교과'는 공식적으로 교육과정 편제표에 등장하는 교과목의 집합 또는 그러한 교과목을 통하여 전수되는 내용을 가리킨다. 사실상 자득이라는 개념이 본격적으로 부각되던 송대에도 이 용어에 정확히 들어맞는 것이 있었다고 보기는 어렵다. 그렇기는 해도 그 당시에 오늘날 교과에 해당하는 것이 있었다는 것은 누구도 부정할 수 없다. 가령 "대학", "논어", "맹자", "중용"으로 구성되는 사서는 당시의 대표적인 교과에 해당한다고 말할 수 있다.

물론 사서로 대표되는 유학의 교과가 오늘날의 교과와 구체적인 항목에서 차이를 나타낸다는 것은 부정할 수 없다. 예컨대, 오늘날 교과에 포함되어 있는 과학과 수학은 유학의 교과에는 거의 전적으로 배제되어 있다. 과학과 수학이 당시에 교과에서 배제되어 있는 것은 그 때에는 그런 종류의 지식이 없었기 때문이다. 만약 유학자들에게 오늘날의 과학과 수학을 그 최고의 수준에서 가르쳐 주고 그것을 교과로 받아들이겠는지를 묻는다면, 십중팔구 그들은 과학과 수학을 그들의 이론체계에 용납될 수 없는 것으로 배척하지는 않을 것이다. 유학의 교과와 오늘날의 교과는 비록 그 세부적인 항목에서 차이를 나타내기는 하지만 그 이상에 있어서 교과로서의 공통성을 나타내기 때문이다(이홍우, 2000a: 48). 그리하여 경전 공부는 성격상 교과 공부와 다르지 않은 것으로 되며, 그런 만큼 그 각각이 지향하는 이상적인 경지는 결코 다른 것일 수 없다.

자득이라는 용어는 사서의 여러 문구에서 접할 수 있는 바와 같이 성리학자들에 의하여 포착되기 이전까지 아무런 설명 없이 자연스럽게 사용되고 있었다. 주희를 비롯한 초기 성리학자들은 그러한 일상적인 용어로 사용되던 자득을 경전 공부가 지향하는 이상적인 경지를 가리키는 데에 활용하게 된다. "맹자"에 나타난 다음의 문구는 그들이 자득을 경전 공부의 이상과 관련짓는 데에 중요한 단서를 제공한 것으로 알려져 있다.

> 君子深造之以道 欲其自得之也 自得之 則居之安 居之安 則資之深 資之深 則取之左右逢其原 故君子欲其自得之也("孟子" 離婁 下14)
>
> 군자가 도를 따라 깊이 파내려 가는 것은 그것을 자득하기 위해서다. 자득하면 정신적 긴장에서 벗어날 수 있으며, 정신적 긴장에서 벗어나면 자신의 지적 자원을 그 깊은 수준에 이르기까지 활용할 수 있으며, 자신의 지적 자원을 그 깊은 수준에 이르기까지 활용하면 좌우 어디를 둘러보더라도 사물의 근원에 닿는다. 군자가 도를 자득하고자 하는 것은 이 때문이다.

맹자가 오직 경전 공부를 염두에 두고 이 말을 했다고 보기는 어려울지 모르지만, 초기 성리학자들이 이 문구에 주목하면서 품고 있었던 관심사가 경전 공부의 이상을 확인하는 데에 있었다는 것은 부정할 수 없다. 사실상 그들의 궁극적인 관심사는 경전 공부를 통한 마음의 형성 과정을 설명하는 데에 있었으며, 성리학은 그 과정에서 체계화되었다. 그러므로 그들이 이 문구에 주목하게 되는 이유는 그것이 경전 공부를 통해서 형성되는 마음이 어떤 것인지를 보여 준다고 믿었기 때문이라고 말해도 틀리지 않다.[1)]

초기 성리학자들의 이러한 믿음에 기초하여 말하면, 위의 문구는 경전 공부가 지향하는 이상적인 경지와 더불어 그 이상적인 경지에 도달한 사람이 나타내게 되는 마음의 상태와 활동을 기술하는 것으로 파악될 수 있다. 위의 문구에는 경전 공부의 이상이 도를 자득하는 데에 있는 것으로 기술되어 있다. 정신적 긴장에서 벗어날 수 있다든지, 자신의 지적 자원을 그 깊은 수준에 이르기까지 활용할 수 있다든지, 좌우 어디를 둘러보더라도 사물의 근원에 닿는다는 말은 자득에 도달한 사람이 나타내게 되는 마음의 상태와 활동을 가리키는 것으로 생각된다. 그런데 도를 자득하는 것이 경전 공부의 이상이라는 점은 받아들인다 하더라도, 그 경지에 도달한 사람이 나타내게 되는 그러한 마음의 상태와 활동이 정확하게 어떤 것인가는 쉽게 파악되지 않는다.

맹자가 기술하는 그러한 마음의 상태와 활동은 당시에도 그다지 쉽

---

1) 주희는 사서를 한데 묶고 주석을 붙여 편찬하는 일을 학문적 생애의 목적으로 삼았으며, 성리학은 그 과정에서 체계화된 그의 사상을 핵심으로 한다. 주희가 자득에 관한 맹자의 설명을 중요시하는 것은 그 개념이 사서로 대표되는 경전을 배움으로써 이르게 되는 이상적인 경지를 지적하기 때문인 것으로 생각된다.

게 파악되지 않았던 것으로 생각된다. 그리하여 주희는 다음과 같은 정호의 말을 그것에 관한 주석의 한 부분으로 포함시키게 된다.

> 大抵 學不言 而自得者 乃自得也 有安排布置者 皆非自得也("二程集" 遺書 卷11)
>
> 무릇 언설이 완전히 자신의 생각으로 바뀌어 더 이상 언설에 의존할 필요가 없는 상태로 되는 것이 자득이며, 말을 이리저리 둘러대고 꿰맞추는 것은 모두 자득이 아니다.

정호의 이 말은 당시는 물론이고 오늘날에 이르기까지 자득에 관한 대표적인 규정으로 지목되고 있다. 주희가 그의 말을 그대로 받아들인 것은 이 점에서 하등 이상할 것이 없다. 정호의 이 규정과 함께 사서에 들어 있는 "사람이 배우지 않고도 할 줄 아는 것, 그것이 양능이며 머리를 짜내지 않고도 아는 것 그것이 양지다(人之所不學而能者 其良能也 所不慮而知者 其良知也, "孟子" 盡心 上15)."라는 구절[2)]은 자득이 어떤 경지를 가리키는지를 지적하는 것으로 널리 주목을 받고 있다. 그렇기는 해도 도와 경전의 관계에 관한 당시 사람들의 생각에 비추어 보지 않는 한 자득과 그것을 규정하는 것으로 생각되는 그러한 문구는 그것에 관한 맹자의 말에 못지않게 쉽게 파악되지 않는다.

도와 경전의 관계에 관한 당시 사람들의 생각을 이해하기 위해서는 그들의 생각이 뿌리를 두고 있는 "주역"으로 거슬러 올라갈 필요가

2) 맹자의 양지양능은 태어날 때 이미 갖추어져 있다는 점이 마음에 걸리는 경우에는 자득이라는 것은 양지양능과 동일한 상태가 후천적 학습에 의하여 갖추어진 것이라는 식의 의미상의 조절이 필요할 것으로 생각된다(이홍우, 2000: 50-51).

있다. 주역의 사고방식에 따르면, 도는 만물을 생성해 내는 그것의 궁극적 원인이며, 만물은 그것으로부터 생성되는 두 가지 기본적인 요소인 음양의 결합으로 이루어져 있다. 주역의 부록 중의 하나인 계사전(繫辭傳)에 나타난 "도라는 것은 다른 것이 아니라 음과 양의 상호교체라는 변화 속에서 그 변화를 가능하게 하는 본체다(一陽一陰之謂道, "周易" 繫辭 上5)."라는 구절은 이러한 주역의 사고방식을 잘 보여주고 있다.

도는 만물의 궁극적 원인이라는 점에서 그 속에 만물을 빠짐없이 포함하고 있다고 보지 않으면 안 된다. 그렇기는 해도 사물을 산술적으로 합쳐 놓은 것이 도라고 생각하는 것은 잘못이다. 사실상 우리에게 주어지는 사물 중에서 그와 같이 만물을 빠짐없이 갖추고 있는 그런 것은 존재하지 않는다. 그러므로 도라는 것이 있을 수 있다면 그것은 이미 주어져 있는 사물로부터 그것과는 차원을 달리하여 또는 그것을 초월하여 존재하는 것으로 추론되는 것이라고 보지 않으면 안 된다. 우리에게 주어지는 사물이 대상 간의 구분은 물론이고, 그것이 원천을 두고 있는 마음과 대상의 구분을 특징으로 한다는 점과 대비하여 말하면, 도는 만물을 아무런 '구분이 없는 형태'로 한꺼번에 갖추고 있는 그런 것이다.

그러나 그렇다고 해서 만물에 시간상으로 앞서 만물이 아닌 다른 형태를 띤 혹은 아무런 형태를 띠지 않는 어떤 것이 있었고, 그것으로부터 만물이 생성된다고 생각하는 것은 성리학의 아이디어와는 거리가 멀다. 우리에게 주어져 있는 것은 오직 사물뿐이며, 도는 사물로부터 추론된다는 말이 시사하는 바와 같이 결코 만물과 떨어져서 별도로 있는 것일 수 없다. 설령 그런 것이 있다 하더라도 그것은 만물과 떨어져 있다는 바로 그 점에서 '만물'의 원인일 수 없다. 그리하여 도가 만물의 궁극적 원인이라는 생각을 최초로 표방한 사람은 그가 누구든지 간에 이미 주어져 있는 사물로부터 모든 사물을 한꺼번에 압축하고 있는 그것의 궁극적 원인을 추론해 내어 도라는 이름으로 명명하고, 우리에게 주어지는 모든 사물이 그것의 외부적인 표현이라고 주장했던 것으로 파악된다.

만물이 도의 외부적인 표현이라는 이러한 사고방식은 경전의 성격을 파악하는 데도 그대로 적용된다. 적어도 성리학의 이론체계 내에서 도의 가장 정련된 형태는 경전에서 찾을 수 있으며, 경전의 표면을 이루는 언설은 도가 가장 순수한 형태로 표현된 것으로 간주된다.[3)] 도식적으로 말하면, 도는 경전의 표면을 이루는 언설의 원천이며, 언설은 그것의 이면에 있는 것으로 생각되는 도가 외부적으로 표현된 것이다. 그리하여 경전은 도의 표현으로서의 언설과 언설의 원천으로서의 도가 표면과 이면으로 결합된 구조를 나타내는 것으로 된다. 적어도 성리학자들은 이러한 경전의 구조에 기초하여 경전 공부의 이상이 그것의 표면을 이루는 언설을 배우는 과정에서 그 이면에 있는 도를 획득하는 데에 있다는 점을 표방하게 된다.

자득은 맹자의 말이 보여 주는 바와 같이 언설을 통해서 그것의 궁극적 원천인 도를 획득하게 되는 이상적인 경지를 인식론의 관점에서

---

3) 리(理)와 경전의 관계를 지적하고 있는 다음의 구절은 이 점을 여실하게 보여 준다. "무릇 천하를 채우고 있는 사물은 반드시 리를 갖추고 있지만, 리의 가장 정련된 형태는 이미 성현이 남긴 경전 속에 갖추어져 있다. 그러므로 (리는) 반드시 경전에서 구해야 한다(夫天下之物 莫不有理 而其精蘊 則已具於聖賢之書 故必由是以求之, "朱熹集" 卷5)." 리와 도 사이에 사소한 의미상의 차이가 있기는 하지만, 이들 양자는 그 실체에 있어서 결코 다르지 않은 것으로 파악되고 있다.

일컫는 용어다. 자득의 이러한 인식론적 성격은 그것에 관한 앞에서 나타난 다양한 설명을 이해하는 데에 결정적인 단서를 제공한다. 도가 언설의 궁극적 원천이라는 말은 앞서 드러난 바와 같이 언설을 아무런 구분이 없는 형태로 한꺼번에 압축하고 있는 것이 도이며, 그러한 도가 외부적으로 표현된 것이 경전의 표면을 이루는 언설이라는 뜻을 나타낸다. 그러므로 당사자가 도를 획득했다는 것은 다름 아닌 그의 마음속에 일체의 경전이 들어 있다는 뜻을 나타내며, 이 점에서 그에게는 경전 공부가 더 이상 무의미한 것으로 된다. '언설이 완전히 자신의 생각으로 바뀌어 더 이상 언설에 의존할 필요가 없는 상태로 된다.'라는 정호의 말은 이 점을 지적하는 것으로 받아들일 수 있다.

만일 누군가 모든 경전을 마음속에 압축하고 있는 이상적인 경지에 이른다면, 그는 아무런 의도적인 노력 없이 자신의 마음을 '자연스럽게' 표현해도 언제나 경전을 이해하는 것으로 된다. 그러므로 그는 경전을 이해하기 위하여 '머리를 짜낼 필요가 없으며 말을 이리저리 둘러대고 꿰맞출 필요도 없다.' 경전을 공부하는 사람이 나타내는 정신적 긴장은 의도적인 노력에서 비롯되는 것인 만큼, '자득하면 정신적 긴장에서 벗어날 수 있다.' 는 맹자의 말은 이 점에서 하등 이상할 것이 없다.

자득에 관한 이상의 논의는 도와 경전의 관계에 기초하고 있지만, 과학적 사고방식으로 무장한 현대인들에게는 만물을 무형태로 압축하고 있는 도라는 것이 있다는 것 자체부터 쉽게 납득되지 않는다. 그들이 보기에 그런 식의 말은 그저 한가한 사람들의 철학적 호기심을 충족시키는 데나 필요한 공리공론에 지나지 않는다. 사실상 자득에 이르는 일이 어떻게 가능한지를 드러내지 못하는 한, 그것에 관한 앞의 설명은 언제나 그러한 부당한 평가를 받을 수밖에 없다. 경전 공부를 통해서 이상적인 경지에 이르는 과정은 이미 성리학자들에 의하여 격물치지론으로 체계화되어 있다. 그래서 격물치지론을 살펴보는 것은 자득이 받고 있는 그러한 부당한 평가를 자연스럽게 불식시키는 좋은 방안이 될 수 있다. "대학"의 격물보전장은 다음과 같이 격물치지론을 압축적으로 보여 주고 있다.

> 所謂 致知在格物者 言欲致吾之知 在卽物而窮其理也 蓋人心之靈莫不有知 而天下之物 莫不有理 惟於理有未窮 故其知有不盡也 是以大學始敎 必使學者 卽凡天下之物 莫不因其已知之理 而益窮之 以求至乎其極 至於用力之久 而一旦豁然貫通焉 則衆物之表裏精粗 無不到 而吾心之全體大用 無不明矣 此謂物格 此謂知之至也("大學" 格物補傳章)
>
> ("대학"에서) '치지는 격물에 있다.'고 말하는 것은 다름 아닌 나의 앎을 지극히 하려면 사물에 나아가 그 리를 끝까지 추구해야 한다는 것을 뜻한다. 무릇 사람의 마음에 들어 있는 신령한 자질은 반드시 앎의 능력을 갖추고 있고, 천하를 채우고 있는 사물은 반드시 리를 갖추고 있다. 앎이 지극한 경지에 나아가지 못하는 것은 리의 추구가 철저하지 못하기 때문이다. 그리하여 "대학"—대인의 학—은 배우는 사람으로 하여금 이 세상의 모든 사물에 관하여 자신이 이미 알고 있는 리를 기초로 하여 그것을 더욱 추구하도록 하는 것을 가르침의 출발로 삼는다. 배우는 사람이 리의 궁극적인 경지에 이르는 것을 목적으로 삼아 오랫동안 열심히 노력하면, 그는 어느 날 하루아침에 눈앞이 환히 트이면서 모든 사물이 한꺼번에 속속들이 이해되는 것을 경험하게 된다. 이제 뭇 사물은 모든 측면을 남김없이 드러내며, 우

리의 마음은 그 체와 용이 모조리 밝아진다. 이것이 바로 격물이며, 치지다.

격물보전장의 첫 문장에는 '치지는 격물에 있다.'는 말이 '나의 앎을 지극히 하려면 사물에 나아가 그 리를 끝까지 추구해야 한다.'는 뜻으로 풀이되어 있다. 이 풀이에 따르면, 나와 사물—격물치지론의 성격을 감안하면, 마음과 경전—은 분명하게 구분되며, 이들 양자 사이에는 두 가지 방향의 운동이 일어난다. '사물에 나아가 그 리를 끝까지 추구한다.'는 말이 보여 주는 마음이 경전으로 나아가는 운동과 '나의 앎을 지극히 한다.'는 말이 보여 주는 경전에서 마음으로 돌아오는 방향의 운동이 바로 그것이다. 격물보전장의 첫 번째 문장은 이 두 가지 방향의 운동을 각각 격물과 치지로 규정하는 동시에, 치지가 격물의 결과에 해당하는 것으로 기술하고 있다.

격물보전장의 두 번째 문장 이하 부분은 격물과 치지가 어떻게 일어날 수 있는지를 설명하면서, 그 활동을 거쳐서 도달하게 되는 경전 공부의 이상적인 경지를 묘사하는 데에 할애되고 있다. '무릇 사람의 마음에 들어 있는 신령한 자질은 반드시 앎의 능력을 갖추고 있다.'는 두 번째 문장의 전반부는 사람이라면 누구나 자신의 마음속에 신령한 자질을 갖추고 있다는 점과 사람은 그 신령한 자질에 의하여 앎에 이르게 된다는 점을 보여 준다. 사람이 앎에 이를 수 있는 것은 앎에 이르기 위하여 수행하는 활동의 조건을 생득적으로 갖추고 있기 때문이라는 것이 이 문장의 요지다.

인간의 생득적인 조건으로서의 인심지령(人心之靈)이 어떤 성격의 것인가는 네 번째 문장을 통해서 확인할 수 있다. '이 세상의 모든 사물에 관하여 자신이 이미 알고 있는 리를 기초로 하여 그것을 더욱 추구한다.'는 네 번째 문장은 '이미 알고 있는 리'(已知之理)가 앎에 이르기 위한 활동의 조건에 해당한다는 점을 명시적으로 지적하고 있다. 그런데 리는 '그것의 궁극적인 경지에 이르는 것을 목적으로 삼는다.'는 말이 보여 주는 바와 같이, 경전을 공부한 결과로 획득되는 것이다. 이 점에서 보면, 이지지리는 앎의 생득적인 조건으로서의 인심지령과는 상이한 것처럼 생각된다.

인심지령과 이지지리가 격물과 치지를 상이한 방향에서 관련짓는다는 것은 이들 양자를 한층 더 상이한 것으로 생각하게 만든다. 인심지령은 마음이 경전에 대하여 모종의 활동을 가한 결과로 그 속에 들어 있는 리를 획득하게 된다는 것을 시사한다는 점에서 격물에서 치지로 나아가는 방향을 취하고 있다면, 이지지리는 경전 공부를 통해서 획득한 리가 다시 이후에 수행할 경전 공부의 조건이 된다는 것을 시사한다는 점에서 치지에서 격물로 나아가는 방향을 취하는 것으로 파악된다. 이지지리와 인심지령이 이러한 상이한 방향의 활동을 나타낸다는 것은 그 두 방향의 활동이 따로 떨어져서 별도로 일어난다는 식의 연상을 불러일으키며, 그런 만큼 이들 양자는 상이한 것으로 생각된다.

그러나 이지지리가 인심지령과 상이하다는 것은 리의 성격에 어긋난다. 성리학에 따르면, 리는 도와 마찬가지로 모든 것을 아무런 구분이 없는 형태로 한꺼번에 압축하고 있는 그런 것이다.[4] 그러므로 이지지리와는 별도로 인심지령이 있을 수 있다는 것은 용납되지 않는

---

4) 도와 리는, 다음과 같은 주희의 말이 보여 주는 바와 같이 동일한 대상을 가리키는 상이한

다. 이지지리가 앎의 조건이 된다는 말은 이 점에서 사람의 마음속에 생득적으로 갖추어져 있는 앎의 조건으로서의 인심지령이 다름 아닌 리라는 뜻으로 읽는 편이 옳다. 그리하여 앎은 생득적으로 갖추고 있는 리를 조건으로 하여 일어난다고 말할 수 있다. 격물에서 치지로 나아가는 방향의 운동과 치지에서 격물로 나아가는 방향의 운동이 별도로 일어나는 두 가지 상이한 활동이라는 식의 그릇된 생각은, 리가 앎의 조건으로서 당사자의 마음속에 갖추어져 있다는 데서 비롯되는 문제를 해결하는 과정에서 자연스럽게 불식될 수 있다.

격물치지론 내에서 리는 이미 드러난 바와 같이 격물의 결과로 획득되는 것이다. 리가 이와 같이 격물을 통해서 획득해야 할 대상이라는 사실은 격물을 하기 이전에 당사자의 마음속에 리가 갖추어져 있지 않다는 뜻으로 받아들일 수 있다. 그러나 당사자의 마음속에 리가 갖추어져 있지 않을 경우에 격물은 애당초 일어날 수 없다. 말하자면 리를 이미 갖추고 있을 경우에 격물은 불필요하고, 리를 갖추고 있지 않을 경우에 격물은 불가능한 것으로 된다. 그리하여 격물치지론은 '당사자는 리를 갖추고 있으면서, 갖추고 있지 않다.'는 식으로 진술되는 명백히 어불성설에 해당하는 말을 받아들이도록 요구한다.

'격물치지의 패러독스'라고 부를 수 있는 이 진술은 리의 독특한 성격을 확인함으로써 해소될 수 있다. 당사자에게 시시각각 인식되는 경험적 마음은 세계를 채우고 있는 사물과 분명하게 구분된다. 즉, 경

이름이다. "도는 바로 리다. 사람이라면 누구나 따라야 하는 것이라는 점에서 도라고 부르며, 모든 대상이 빠짐없이 그 이치를 갖추고 있다는 점에서 리라고 부른다(道卽理也 以人所共由而言則謂之道 以其各有條理而言則謂之理, "朱熹集" 卷4)." 다만 도는 리에 함축되어 있는 도덕적 의미를 명백히 나타내고 있으며, 이 점에서 리보다 넓은 적용 범위를 가지는 것으로 생각된다.

험적 마음은 사물일 수 없으며 사물 또한 경험적 마음일 수 없다. 그러나 당사자의 마음속에 격물의 조건으로 갖추어져 있는 리는 사정이 다르다. 마음의 리와 사물의 리는 성격상 오직 한 개의 리다. 그리고 그 한 개의 리가 마음과 사물을 가로질러 두루 퍼져 있다고 말해야 한다. 리에 관한 주희의 다음의 같은 말은 이 점을 보다 분명하게 확인시켜 준다.

> 外而至於人 則人之理 不異於己也 遠而至於物 則物之理 不異於人也(“大學或問”)
>
> 나와 남의 관계를 두고 말하면, 남이 갖추고 있는 리는 나의 그것과 다르지 않다. 사물과 사람의 관계를 두고 말하면, 사물 속에 갖추어져 있는 리는 사람의 그것과 다르지 않다.

당사자의 마음속에 갖추어져 있는 리가 격물의 조건이 된다는 것은 그 속에 격물의 대상이 되는 모든 것을 포함하고 있다는 뜻을 나타낸다. 그러나 리는 성격상 대상 간의 구분은 물론이고 그것이 원천을 두고 있는 마음과 세계의 구분 등 일체의 구분을 벗어나 있다. 사람의 마음과 만물 속에는 이와 같이 일체의 구분을 벗어난 리가 붙박여 있으며, 이 점에서 마음과 세계는 리를 매개로 하여 연결되어 있다고 말할 수 있다. 격물보전장의 두 번째 문장은 이 점을 지적하는 것으로 받아들일 수 있다. 바깥에 있는 경전이 마음속으로 들어오는 것이 아님에도 불구하고, 당사자가 경전을 배우는 일이 가능한 것은 이하에서 드러날 바와 같이 이들 양자가 이와 같이 한 개의 구조로 연결되어 있기 때문이다. 그래서 격물치지론은 마음과 세계가 한 개의 구조로 연결되어 있다는 바로 이 아이디어에 의하여 설명된다(박은주, 2000: 445).

만물이 우리에게 인식되는 것은 그것이 구분을 특징으로 하기 때문이다. 그러나 리는 마음과 세계의 구분을 비롯하여 그 구분에 원천을 두고 있는 일체의 구분을 벗어나 있다. 그러므로 당사자의 마음속에 격물의 조건으로 갖추어져 있는 리는 결코 그에게 인식되지 않으며, 이 점에서 리는 오직 격물을 통해서 획득해야 할 대상으로 여겨질 수밖에 없다. 당사자가 리를 격물의 조건으로 이미 마음속에 갖추고 있음에도 불구하고 다시 격물을 통해서 획득해야 하는 것은 이 점에서 오히려 당연하다.

격물보전장에는 리를 조건으로 하여 격물을 수행하는 과정에 관한 직접적인 진술은 나타나 있지 않다. 짐작컨대, 주희는 마음과 세계가 하나의 구조를 나타낸다는 점과 격물과 치지의 관계가 두 가지 방향에서 파악될 수 있다는 점을 보여 주는 것으로 그 과정을 기술한 것이나 다름없다고 생각했을 것이다. 격물치지론을 온전하게 이해하기 위해서는 주희가 보여 주는 이러한 단서를 토대로 하여 그의 생각을 밖으로 드러내지 않으면 안 된다.

격물과 치지는 경전을 통해서 리를 추구하는 활동—성리학의 용어로 '궁리'—을 설명하는 개념이다. 흔히 경전을 통해서 리를 추구한다는 것은 경전 속에 들어 있는 리를 마음 안으로 끌어들이는 일처럼 생각된다. 그러나 마음은 물건을 담는 그릇과 같은 것이 아니다. 그래서 바깥에 있는 경전이 마음 안으로 들어온다는 것도 있을 수 없다. 그럼에도 불구하고 경전 공부를 통해서 리를 획득하는 일이 가능하다면, 그것은 필경 마음속에서 일어나는 일이라고 말할 수밖에 없다. 정확하게 말하면, 궁리는 바깥에 있는 경전을 계기로 하여 마음을 만드는 일이라고 보아야 한다.

마음이 경전을 계기로 하여 마음으로 되는 과정은 격물과 치지의 관계를 파악하는 두 가지 방향을 통해서 확인할 수 있다. 먼저 치지에서 격물로 나아가는 방향은 경전을 배우는 일이 마음 바깥에 있는 경전이 마음속으로 들어오는 것이 아니라, 당사자의 마음속에 갖추어져 있는 리가 경전을 계기로 하여 외부적으로 표현되는 것이라는 점을 보여 준다. 당사자가 경전 공부를 통해서 획득하게 되는 세부적인 항목은 바로 이 당사자의 마음속에 갖추어져 있는 리가 외부적으로 표현되는 것에 해당한다.

당사자는 이와 같이 자신의 마음속에 갖추어져 있는 리의 표현에 의하여 경전의 내용을 획득하게 되지만, 그가 획득하는 것이 오직 경전의 내용뿐인 것은 아니다. 당사자의 마음속에 갖추어져 있는 리가 경전을 계기로 하여 외부적으로 표현된다는 것은 경전이 당사자로 하여금 그것 속에 들어 있는 리를 대면하지 않을 수 없도록 만든다는 뜻으로 해석할 수 있기 때문이다. 그러므로 당사자는 경전의 내용을 파악하는 매 순간 그 속에 들어 있는 리를 대면하지 않을 수 없다. 격물을 통해서 치지에 이르게 된다는 말은 이와 같이 경전의 내용을 파악하는 과정에서 그 속에 들어 있는 리를 획득하게 된다는 뜻으로 읽을 수 있다.

당사자의 마음속에 갖추어져 있는 리가 경전을 계기로 하여 외부적으로 표현되는 바로 그 순간에 경전 속에 들어 있는 리가 획득된다는 것은 격물과 치지가 결코 별도로 일어나는 두 가지 활동이 아니라는 점을 보여 준다. 그럼에도 불구하고 격물과 치지를 구분하는 것은 어디까지나 설명의 편의를 도모하기 위하여 취해진 분석의 결과일 뿐이다. 그리하여 격물과 치지는 따로 떨어져서 일어나는 두 가지 별개의 활동이 아니라 궁리로 지칭되는 한 가지 활동의 두 측면에 해당하는 것으로 되며(Yü Ying-Shih, 1986: 231), 궁리라는 한 가지 활동은 방향을 확인할 수 없는 형태로 동시에 일어나는 격물과 치지의 끊임없는 순환 과정이라고 말할 수 있다(Cheng Chung-Ying, 1986: 176). 격물보전장의 마지막 부분에 나타난 '눈앞이 환히 트이면서 모든 사물이 한꺼번에 속속들이 이해되는 것을 경험하게 된다.' 든지, '뭇 사물은 모든 측면을 남김없이 드러내며, 우리의 마음은 그 체와 용이 모조리 밝아진다.' 는 문구는 격물과 치지의 이러한 끊임없는 순환 과정을 통해서 이르게 되는 이상적인 경지를 묘사한 것으로 받아들일 수 있다.

격물치지론에 관한 이상의 고찰에 따르면, 언설의 궁극적 원천으로서의 도가 언설로부터 추론된다는 2절의 지적은 도가 언설 그 자체를 분석함으로써 파악된다는 뜻이라기보다는 그 언설을 배우는 과정을 분석한 결과로 추론되는 것이 도라는 뜻으로 읽을 수 있다. 즉, 당사자가 경전을 배우는 일이 가능하려면 마음과 경전이 모종의 매개물로 연결되어 있다고 보지 않으면 안 되며, 도—성리학의 용어로 '리'—는 그 매개물을 가리키는 용어다. 그러므로 도 또는 리는 임의적으로 만들어 낸 개념이라기보다는 교육을 설명하기 위하여 그 과정을 치밀하게 분석한 결과로 찾아낸 교육적 개념이라고 말해야 한다. 그리고 자득은 바로 그 도 또는 리에 의하여 설명되는 교육의 이상적인 경지를 가리키는 개념이라고 말할 수 있다.

2. 성장과 교변작용

듀이의 철학이 경험이론으로 압축된다는 것은 그의 철학을 연구하는 사람들 사이에서 일종의 상식으로 통용되고 있다. 그러므로 그의 경험이론에 등장하는 핵심적인 개념으로서의 연속성과 교변작용은 그의 철학을 구성하는 두 축이 된다고 말해도 전혀 틀리지 않다. 앞서 제3장에서 고찰한 듀이의 교과교육이론에 근거하여 말하면, 듀이는 경험이론을 체계화할 당시에 이미 교과교육에 관한 아이디어를 가지고 있었다고 말해도 크게 틀리지 않다. 듀이가 경험이론을 체계화한 것은 어느 정도인가 하면, 교과교육이론을 구축하기 위한 사전 작업이었다고 말해야 할지 모를 정도다.

듀이의 경험이론이 후기에 와서 예술이론과 종교이론에 의하여 정교화되는 것과는 달리, 그가 자신의 교과교육이론을 보다 구체화하지 않는 이유는 이러한 맥락에서 짐작될 수 있다. 적어도 듀이가 보기에 경험이론은 그 자체로 교과교육이론이며, 그런 만큼 경험이론과는 별도로 교과교육이론을 세부적인 수준에서 구체화할 필요가 없었을 것이다. 바꾸어 말하면, 듀이는 경험이론을 정교화하는 것으로 교과교육이론을 세부적인 수준에서 구체화한 것이나 다름이 없다고 생각했을 것이다. 듀이의 교과교육이론이 그의 경험이론에 비추어 보지 않을 경우에 결코 온전하게 드러나지 않는다는 앞의 지적은 이와 같은 뜻으로 읽을 수 있다.[5]

---

5) 듀이의 이론체계 내에서 경험이론과 교과교육이론의 그러한 관계는 성리학자들의 생각에

사실상 듀이는 '교육은 경험의, 경험에 의한, 경험을 위한 교육'이라고 표방하고 있으며(EE: 114), 듀이의 이러한 견해는 경험이론과 교과교육이론의 그러한 관련을 직접적으로 지적하는 것으로 받아들일 수 있다. 아닌 게 아니라, 인간이 전통적으로 겪어 온 경험 중에서 가장 체계적으로 이루어지고 있는 것을 찾는다면, 그것은 단연코 교과교육이며,[6] 그런 만큼 듀이가 자신의 경험이론을 교과교육이론으로 완결 짓는 것은 당연한 일이라고 말할 수 있다. 교과교육은 이 점에서 그의 경험이론에 의미를 부여하는 구체적인 장이며, 그의 경험이론에 나타난 모든 개념은 궁극적으로 교과교육이론으로 수렴된다고 말할 수 있다.[7]

그런데 듀이의 경험이론에 나타난 주체와 대상 사이의 연속성은 학습자의 마음과 교과의 연속성을 드러내는 데에는 탁월한 치밀성을 보여 주고 있지만, 그의 경험이론은 그것에 기반을 두고 일어나는 교변작용의 역동적 과정을 드러내는 장면에서 다소 한계를 드러낸다. 그의 경험이론이 드러내는 그러한 한계는, 이미 제3장에서 지적한 바와

서도 찾아볼 수 있다. 형이상학적 이론으로서의 성리학과 그것을 교과교육의 맥락에서 구체화하고 있는 격물치지론의 관계가 바로 그것이다. 즉, 성리학은 격물치지론을 설명하기 위하여 마련된 것이라고 말해도 크게 틀리지 않는다. 듀이의 교과교육이론을 드러내는 일과 관련하여 앞서 1절에서 고찰한 격물치지론이 주목의 대상이 되는 이유는 바로 여기에 있다.

6) 듀이는 서양철학의 출발점을 희랍시대의 소피스트들에게서 찾으면서, 그들이 품고 있었던 주된 질문이 교육과 교사의 문제였다는 점을 지적하고 있다(DE: 330). 듀이의 이러한 지적은 그의 경험이론이 궁극적으로 교과교육으로 귀착된다는 생각에 신빙성을 부여해 준다.

7) 듀이의 다음과 같은 말은 이러한 맥락에서 등장한 것으로 생각된다. "나는 우주론적 · 도덕적 · 논리적 문제를 비롯하여 모든 다른 철학적 문제들이 하나의 주제로 연결될 수 있는 최상의 인간적 관심사가 교육이요, 그것이 철학 연구의 중심이 되어야 한다고 생각한다(FA: 12)."

같이, 곧바로 듀이의 이론체계 내에서 학습자의 마음과 교과 사이에 일어나는 교변작용의 역동적 과정이 온전하게 설명되지 않는다는 뜻으로 바꾸어 읽을 수 있으며, 그런 만큼 듀이의 교과교육이론은 이 점에서 불완전하다고 말할 수 있다. 듀이가 교과교육의 목적으로 내세우는 '성장'이라는 개념이 분분한 해석에 휩싸이게 되는 근본적인 이유는 이하에서 드러날 바와 같이 바로 여기에 있는 것으로 생각된다.

> "교육은 발달이다."라는 말에서 '발달'이라는 것을 어떻게 파악하는가는 당장 문제가 된다. 이때까지의 우리의 결론은 삶은 발달이요, 발달 또는 성장은 삶이라는 것이다. 이것을 교육에 비추어 말하면, ① 교육의 과정은 그 자체 이외의 다른 목적을 가지는 것이 아니라 교육 그 자체가 목적이라는 것, ② 교육의 과정은 끊임없는 재조직이나 재구성 혹은 변형의 과정이라는 것이다(DE: 49–50).

위의 인용문은 듀이가 정리하고 있는 바와 같이 서로 관련된 두 가지 내용을 담고 있다. 그중에서 '경험의 계속적인 재구성 과정'이라는 규정은 '성장'이라는 개념으로 요약되어 교과교육의 목적에 관한 듀이의 견해로 널리 알려져 있다(DE: 1–4, 49–53). 그리고 '교과교육의 과정은 그 자체 이외의 다른 목적을 가지는 것이 아니라, 교과교육 그 자체가 목적이다.'라는 식으로 읽을 수 있는 듀이의 말은 교과교육의 목적에 관한 그러한 자신의 견해를 부연하는 것으로 받아들일 수 있다.

그러나 듀이는 성장을 '경험의 계속적인 재조직 또는 재구성'으로 정의하고 있지만(DE: 76), 그 정의는 널리 통용되고 있는 것과는 달리 결코 분명하지 않다. 듀이의 부연은 이 점을 겨냥한 것이라고 보아야 하겠지만 그 부연 역시 그의 의도와는 무관하게 성장이라는 개념에 대하여 그다지 분명하게 말해 주는 바가 없다. 이러한 형편에서 성장은 더 성장하는 것 이외의 다른 목적을 가지지 않으며, 교과교육에는 교과를 끊임없이 배우는 것 이외에 다른 목적이 없다는 생각이 교과교육의 목적으로서의 성장에 관한 듀이의 견해로 받아들여지고 있다(DE: 51). 한마디로 말하면, 교과교육의 목적 혹은 그것을 요약하는 성장은 한 가지 고정된 목적을 가지고 있지 않다(박철홍, 1994: 71; 김수천, 1989: 57).

그런데 교과교육의 목적 또는 성장이 한 가지 고정된 목적을 가지고 있지 않다는 생각은 표면상 교변작용의 목적에 관한 듀이의 종교이론의 입장에 위배된다. 듀이의 종교이론에서는 앞서 제2장에서 고찰한 바와 같이 교변작용이 지향하는 이상적인 경지를 신 또는 실재로 규정하는 동시에 그 경지에 도달한 상태를 가리켜 '자아실현'이라고 부르고 있다. 듀이의 종교이론이 경험이론을 세부적인 수준에서 설명하기 위하여 마련된 것이요, 그의 교과교육이론이 경험이론에 뿌리를 두고 있다는 점을 상기하면 그의 종교이론이 보여 주는 교변작용의 그러한 목적은 곧바로 교과교육의 목적으로 받아들여도 무방하다. 그리고 그런 만큼 성장이라는 개념은 그의 종교이론이 보여 주는 바로 그 이상적인 경지와 다른 것일 수 없다.

사실상 듀이든 누구든지 간에 성장이라는 것이 한자리에 가만히 있는 것이 아니라 성격상 어느 방향으로든지 나아가는 것이라는 사실에 대해서는 의문을 품을 수 없다. 성장이라는 것이 이와 같이 어느 방향으로든지 나아간다는 것은 다름 아닌 그것이 모종의 지향점을 가지고 있다는 뜻을 나타낸다(Maritain, 1943: 17). 그럼에도 불구하고 성장은 한 가지 고정된 목적을 가지고 있지 않다고 말한다면, 성장이라는 개념 속에 붙박여 있는 그 지향점은 특별한 뜻으로 해석되지 않으면 안 된다. 교육의 목적에 관한 듀이의 다음과 같은 말은 그 해명에 요청되는 중요한 단서를 제공한다.

> (교육의) 목적은 현재의 조건의 자연적 산물로 나와야 한다. (교육의) 목적은 이미 진행 중인 것에 기초를 두어야 하며, 현재의 사태의 자원과 난점에 기초를 두어야 한다. 우리의 활동이 당연히 추구해야 할 목적에 관한 이론들—교육이론과 도덕이론—은 흔히 이 원리를 무시하는 잘못을 저지른다. 그런 이론들은 우리의 활동의 '바깥에 있는' 목적, 즉 사태의 구체적인 현실과 동떨어진 목적이나 모종의 외적 원천에서 나온 목적이 있다고 상정한다(DE: 121-122).

듀이는 위의 인용문에서 교육의 목적에 관한 올바른 견해와 그릇된 견해를 대비시키고 있다. 그가 보기에 교육의 목적이 올바른 것으로 되기 위해서는 그것이 '현재의 조건의 자연적 산물로 나와야 한다.' 즉, 교육의 목적은 그것이 오직 '이미 진행 중인 활동에 기초를 두고' 도출된 것일 경우에 올바른 것일 수 있다. 교과교육에 초점을 두고 말하면, '이미 진행 중인 활동'이라는 것은 학습자의 마음과 교과의 교변작용이라고 말할 수 있으며, 따라서 교과교육의 목적이 그것의 목적으로 되기 위해서는 교변작용이 일어나는 구체적인 사태로부터 이끌어 낸 것이 아니면 안 된다는 것이 듀이의 견해다. 만일 성장의 지향점이라고 할 만한 것이 있다면, 그것은 교변작용이 일어나는 구체적인 사태로부터 이끌어 낸 교과교육의 목적 이외에 다른 것일 수 없다(DE: 104).

그런데 교과교육의 목적으로 통용되고 있는 것 중에는 그렇지 못한 것들이 적지 않다. 듀이가 보기에 그러한 목적들은 학습자의 마음과 교과의 교변작용과 동떨어진 목적이요, 모종의 외적 원천에서 부가된 목적일 뿐이며, 그와 같이 교변작용의 바깥에 있는 목적은 온전한 의미에서의 목적이 될 수 없다. 듀이에게 그런 종류의 목적을 상정하는 학자를 예시하라고 요구한다면 앞서 제3장에 시사되어 있는 바와 같이 단연코 루소와 헤겔을 지목할 것이다. 학습자의 마음과 교과는 교변작용 속에서 결코 떨어져서 별도로 있을 수 없지만, 그들은 그중의 어느 한 쪽을 지나치게 강조함으로써 이들 양자가 마치 사실적으로 분리되어 있는 것처럼 취급한다. 루소와 헤겔이 교과교육의 목적을 각각 학습자의 본성의 발현과 교과의 수용을 통한 마음의 형성으로 파악하는 것은 여기서 비롯된 것이라고 말할 수 있다.

루소와 헤겔에 의하여 파악되는 이러한 교과교육의 목적이 어떤 점에서 불완전한가는 듀이가 염두에 두고 있는 목적이 교변작용으로부터 추론되는 것이라는 점에 비추어 확인할 수 있다. 만일 학습자의 마음과 교과의 교변작용으로부터 추론되는 목적이 있다면, 그것은 개인의 심리적 취향과는 무관하게 필연성을 띨 수밖에 없다(김수천, 1989: 58). 그러나 그와 같은 방식으로 이끌어 낸 목적이 아닐 경우에, 그것에 대해서는 그것이 어째서 교과교육의 목적으로 받아들여야 하는가 하는 질문을 제기할 수 있으며, 그 질문에 대한 대답이 제시되지 않는 이상 그것은 임의적인 것으로 간주될 수밖에 없다. 루소와 헤겔이 상정하는 교과교육의 목적은 이 점에서 임의성을 띤다고 말할 수 있으며, 그들의 목적이 '교변작용의 바깥에 있는 목적'이라는 듀이의 비판은 원칙상 이러한 뜻으로 받아들여야 한다. 듀이가 그들의 이론에 나타난 발현이나 형성이라는 개념에 대한 대안으로 성장이라는 독특한 개념을 사용하는 이유가 바로 여기에 있다.

그렇기는 해도 듀이의 이론체계 내에서 보면, 그가 교과교육의 목적으로 내세우는 성장 역시 온전한 것이 못된다는 비판이 제기될 소지가 있다. 성장의 방향인 교과교육의 목적은 듀이가 지적하고 있는 바와 같이, 학습자의 마음과 교과의 교변작용이라는 구체적인 사태로부터 추론되지 않으면 안 된다. 그러나 듀이의 이론체계는 이들 양자 사이에 일어나는 교변작용의 역동적 과정을 온전하게 드러내지 못하고 있다. 앞 절에서 고찰한 격물치지론은 이하에서 드러날 바와 같이 듀이의 이론이 나타내는 그러한 불완전성을 극복하는 데에 결정적인 단서를 제공한다는 점에서 중요성을 띤다.

격물치지론은 이미 1절에서 지적한 바와 같이 마음과 세계 사이에 일어나는 역동적인 순환 과정을 형이상학적 아이디어에 근거하여 사후적으로 기술하는 이론이다. 격물치지론이 근거하고 있는 아이디어에 따르면, 마음과 세계는 표면상 따로 떨어져 있는 것처럼 보이지만 그 이면에 있는 리를 공통분모로 하여 연결되어 있는 하나의 구조를 나타낸다. 듀이의 경험이론 혹은 예술이론에 나타난 연속성이라는 개념은 격물치지론이 근거하고 있는 그러한 아이디어를 특정한 관점에서 부각시키기 위한 것으로 생각된다. 그리고 그의 교과교육이론에 나타난 흥미라는 개념은 그 아이디어를 학습자의 마음과 교과의 관계로 구체화한 것이라고 말할 수 있다.

듀이가 흥미라는 개념을 통해서 학습자의 마음과 교과의 연속성을 부각시키는 것은 연속성이 교변작용의 근거가 된다는 경험이론의 아이디어가 시사하는 바와 같이 이들 양자의 교변작용을 설명하기 위한 것임에 틀림없다. 아닌 게 아니라 학습자의 마음과 교과 사이에 교변작용이 일어나기 위해서는 이들 양자가 모종의 공통분모로 연결되어 있다고 보지 않으면 안 된다. 정확하게 말하면, 이들 양자 사이에 교변작용이 일어나고 있다는 것은 이들 양자가 모종의 통로로 연결되어 있다는 점을 보여 준다. 만일 학습자의 마음과 교과 사이에 통로라고 할 만한 것이 없다면, 이들 양자 사이의 왕래 또는 서로 영향을 주고받는 일은 애당초 일어날 수 없기 때문이다.

물론, 학습자가 교과를 배우는 일 또는 학습자가 자신의 마음을 교과로 만드는 일에 관한 상식적인 견해에 따르면, 그 일을 학습자의 마음과 교과의 연속성에 근거한 교변작용으로 설명하는 것은 공리공론에 지나지 않은 것으로 보일 가능성이 있다. 교과라는 것은 엄연히 학습자의 마음 바깥에 위치하며, 학습자가 교과를 배우는 일은 그러한 부정할 수 없는 사실로 말미암아 바깥에 있는 교과를 자신의 마음 속에 받아들이는 일로 파악되기 때문이다. 사실상 교과교육에 관한 이러한 상식적인 견해는 그 일을 설명하는 데에 소화의 비유가 널리 활용되고 있다는 사실로 말미암아 한층 더 강력한 호소력을 갖추게 된다.

그러나 마음은 몸의 특정한 기관과 같은 물리적 공간을 가진 것이 아니며, 교과 또한 음식물이 몸속으로 들어오는 것과 같이 어디론가 이동할 수 있는 그런 것이 아니다. 이 점에서 교과를 배우는 일은 소화에 비유될 수 있는 것이 아니다. 그리고 그런 만큼 교과교육에 관한 상식적인 생각은 결코 온전한 것일 수 없다. 이와 같이 바깥에 있는 교과가 학습자의 마음속으로 들어온다는 생각을 부정하고 나면, 학습자가 교과를 배우는 일은 필경 학습자의 마음속에서 일어나는 것으로 파악될 수밖에 없다. 그러나 그렇다고 해서 교과를 배우는 일이 교과와 무관하게 일어난다고 생각하는 것은 넌센스다. 교과교육은 그것이 어떤 형태를 띠든지 간에 교과를 통해서 일어날 수밖에 없으며, 교과를 통해서 이루어지는 활동이기 때문에 그것을 교과교육이라고 부르는 것이다. 그리하여 교과교육은 학습자의 마음이 교과와 관계를 맺는 과정에서 그의 마음속에 모종의 변화를 일으키는 활동임에는 틀림없다.

교과교육이 이와 같이 학습자의 마음과 교과의 관계로 규정되는 이상 이들 양자는 비록 눈으로 확인할 수는 없다 하더라도 모종의 공통분모로 연결되어 있다는 점과 이들 양자 관계는 그 공통분모를 통로로 하여 이루어진다는 점을 받아들이지 않을 수 없다. 만일 연속성이라는 개념이 보여 주는 그러한 학습자의 마음과 교과의 공통분모 또는 통로 같은 것이 있다면, 그것은 순전히 학습자의 마음이어서도 안 되고 순전히 교과여서도 안 된다. 그러면서도 그것은 이들 양자를 연결한다는 바로 그 점에서 학습자의 마음이면서 동시에 교과—보다 일반적인 용어로, 주관적인 것이면서 동시에 객관적인 것—일 수밖에 없다.[8] 말하자면, 그것은 학습자의 마음과 교과 또는 주관과 객관을 한꺼번에 포함하고 있는, 그렇기 때문에 순전히 주관적인 것도 아니

---

8) 폴라니에 따르면, 주관적인 것도 아니면서 객관적인 것도 아닌 것이 있을 수 있다. 그는 그것을 '내면화된 것' (personal)이라고 부르고 있으며, 그것이 지식을 획득하는 조건이 된다는 점을 지적하고 있다(Polanyi, 1958: ii). '연속성'이라는 개념에 근거한 듀이의 상호작용과 '내면화 된 것'에 근거한 폴라니의 인식론은 이 점에서 상호보완적으로 파악될 필요가 있다.

요, 객관적인 것도 아닌 그런 것이다. 그것은 이 점에서 학습자의 마음과 교과 또는 주관적인 것과 객관적인 것을 아무런 구분이 없는 형태로 한꺼번에 압축하고 있다고 말해야 한다. 주체와 대상의 구분이 모든 구분의 원천에 해당한다는 점을 고려하여 말하면, 주관적인 것과 객관적인 것을 연결하는 그 공통분모 또는 통로는 차라리 우리가 하는 모든 생각이나 말은 물론이고 교과를 비롯하여 우리가 접하는 일체의 대상을 아무런 구분이 없는 형태로 한꺼번에 압축하고 있다고 말하는 편이 정확하다.

사실상 우리에게 주어져 있는 것 치고 그와 같이 일체의 구분이 적용되지 않는 그런 것은 도대체 있을 수 없다. 그러므로 그런 것이 있다면, 그것은 우리에게 주어져 있는 것과 동일한 평면의 좌우에 늘어서 있을 수 없다. 그것은 오직 우리에게 주어져 있는 것으로부터 그것과 상이한 평면에 있는 것으로 추론된 것일 수밖에 없다. 공간적인 비유를 사용하여 말하면, 그것은 우리에게 주어져 있는 것으로부터 추론된 것이라는 바로 그 점에서 그것의 이면에 그것과 정확하게 겹쳐서 맞붙어 있다고 말할 수 있다. 그리하여 듀이가 내세우는 연속성 혹은 흥미라는 개념은 학습자의 마음과 교과가 그러한 중층구조를 나타낸다는 점을 부각시키기 위한 개념적 방안으로 된다.[9]

격물치지론은 그러한 중층구조에 근거하여 일어나는 마음과 세계

9) 사실상 듀이는 현재의 시점에서 장차 일어날 주체와 대상의 교변작용을 설명하는 것처럼 기술하고 있다. 그러나 이러한 설명의 방향과 사고의 방향은 정반대라고 보아야 한다. 즉, 듀이는 이미 일어난 교변작용에서 출발하여 그것의 논리적 가정을 밝히는 방식으로 사고했음에도 불구하고, 마치 앞으로 일어날 교변작용을 설명하는 것처럼 기술하고 있다. 시간적인 순서를 고려하여 말하면, 듀이는 이미 일어난 교변작용을 그것의 출발점으로 되돌아가서 설명하고 있는 것이다.

의 순환 과정을 '궁리'라는 한 가지 활동으로 파악하면서, 그것을 두 가지 방향에서 설명하고 있다. 격물과 치지라는 용어로 규정되는 그 두 가지 방향은 각각 마음이 세계로 나아가는 방향과 세계가 마음으로 되돌아오는 방향을 가리킨다. 앞 절에서 고찰한 그러한 두 가지 방향의 운동은 이하에서 드러날 바와 같이, 학습자의 마음과 교과 사이에 일어나는 교변작용이 구체적으로 어떤 것인지를 여실하게 보여 주고 있다. 교과교육에 관한 통념에 따르면, 학습자가 획득하는 교과의 내용은 그의 마음 바깥에 있는 교과가 마음속으로 이동한 것으로 생각된다. 그러나 학습자의 마음 바깥에 있는 교과가 마음속으로 이동한다는 것은 원칙상 있을 수 없는 일이다. 마음과 교과의 교변작용에 참여한 결과로 학습자가 획득하게 되는 교과의 내용은 어느 편인가 하면, 그의 마음속에 중층의 위층으로 갖추어져 있는 특별한 마음—듀이의 용어로 아이스테티카를 주체의 측면에서 규정하는 '정서' 또는 '자아'—이 바깥에 있는 교과를 계기로 하여 외부적으로 표현되는 것이라고 말할 수 있다.

학습자의 마음과 교과의 교변작용을 이와 같이 마음에 거점을 두고 파악할 경우에 교과교육은 학습자로 하여금 교과의 내용을 획득하도록 하는 과정으로 파악된다. 그러나 그렇다고 해서 그것이 교과교육의 전부라고 생각하는 것은 잘못이다. 교과교육에 관한 그러한 생각에서는 교과에 거점을 두고 파악되는 다른 한 가지 관점이 정당하게 존중되지 않는다. 그래서 그것은 교과교육에 관한 온전한 견해가 되지 못한다.

학습자가 교과교육에 참여한 결과로 획득하는 교과의 내용은 앞서 지적한 바와 같이 그의 마음속에 중층의 위층으로 갖추어져 있는 정서 혹은 자아의 외부적인 표현에 해당한다. 그러므로 학습자가 교과의 내용을 획득했다면, 그는 부지불식간에 중층의 위층을 대면했다고 보지 않으면 안 된다. 그리고 그가 교과의 내용을 획득하는 순간에 대면하게 되는 바로 그 마음의 위층은 성격상 교과의 위층—듀이의 용어로 아이스테티카를 대상의 측면에서 규정하는 '질성' 또는 '실재'—과 다른 것일 수 없다. 그리하여 교과는 학습자로 하여금 마음과 교과의 교변작용에 참여하도록 함으로써 그것의 위층에 있는 질성 또는 실재를 대면하도록 이끌기 위하여 특별히 고안된 장치로 된다.

이와 같이 두 가지 방향에서 파악되는 마음과 교과의 교변작용은 격물과 치지가 궁리의 두 측면이라는 앞 절의 고찰이 보여 주는 바와 같이, 결코 따로 떨어져서 별도로 일어나는 두 가지 운동일 수 없다. 교과교육 속에서 일어나는 그러한 두 가지 운동은 방향이 분간되지 않는 형태로 동시에 일어난다. 그러므로 학습자가 교과의 내용을 획득하는 일과 교과가 학습자로 하여금 중층의 위층에 있는 질성 또는 실재를 대면하도록 만드는 일은 두 가지 활동이 아니라 교과교육을 분석한 결과로 도출되는 그것의 두 측면이라고 말하는 것이 정확하다. 그리하여 학습자는 그의 마음속에 중층의 위층으로 갖추어져 있는 정서 또는 자아를 외부적으로 표현하여 교과의 내용을 획득하는 매 순간 교과의 위층에 있는 질성 또는 실재를 대면하게 된다고 말할 수 있다. 학습자가 마음과 교과의 교변작용을 통해서 교과의 내용을 획득하는 과정에 참여하면 할수록 실재는 점점 더 뚜렷한 형태로 다가오게 되며, 학습자는 그 일에 끊임없이 참여하는 과정에서 홀연히 자신의 마음이 실재로 되는 순간을 맞이하게 된다. 듀이가 교과교육의 이상으로 내세우는 자아실현이라는 개념은 다름 아닌 학습자의 마음이 실재로 되는 바로 그 이상적인 경지를 마음에 거점을 두고 기술하는 것이라고 말할 수 있다.

이상의 고찰에서 드러난 바와 같이 마음이 실재로 되는 이상적인 경지 또는 자아실현의 상태는 듀이가 임의적으로 상정하는 교과교육의 목적이 아니라 학습자의 마음과 교과 사이에 일어나는 교변작용으로부터 논리적으로 추론해 낸 것이다. 그러므로 그 목적은 우리의 심리적 취향에 따라 수용되기도 하고 거부되기도 하는 그런 것일 수 없다. 한마디로 말하면 그것은 필연성을 띤다. 듀이가 교과교육의 목적으로 내세우는 성장은 이 점에서 실재 또는 자아를 향하여 나아갈 수밖에 없으며, 실재 또는 자아는 성장의 지향점이라고 말할 수 있다.

언뜻 보면, 중층의 위층에 있는 실재 또는 자아가 성장의 지향점이 된다는 이러한 생각은 듀이의 사상에 위배되는 것처럼 여겨진다. 사실상 듀이가 내세우는 성장이라는 개념을 시간적 진행 과정으로 파악할 경우에, 그러한 비판은 그다지 그릇되지 않은 것처럼 보인다. 그러나 그러한 통상적인 관점은 교과교육의 목적에 관한 듀이의 견해를 지나치게 축어적으로 해석한 나머지 듀이의 문제의식을 온전하게 드러내지 못하는 것으로 생각된다. 듀이가 '성장은 일정한 지향점을 가지고 있지 않다.'고 말하면서 품고 있었던 관심사는 교과교육이 정해진 목적을 가지지 않는다는 점 자체를 지적하는 데에 있었다기보다는 그것의 목적이 외부로부터 강제된 것이어서는 안 된다는 점을 지적하는 데에 있었다. 즉, 교과교육의 목적이 교과교육 그 자체로부터 이끌어 낸 것이라고 하면 그것이 고정된 것인가 그렇지 않은가 하는 것은 그다지 문제가 되지 않는다는 것이다.

듀이의 문제의식에 관한 이러한 해석은 성장이라는 개념을 파악하는 대안적인 관점을 시사하고 있다. 듀이가 염두에 두고 있는 교과교육의 목적이 논리적 개념이라는 앞의 지적에 이미 시사되어 있는 바와 같이, 성장이라는 개념은 시간적인 관점이 아니라 논리적 관점에서 파악될 수 있다는 것이다(김승호, 1994: 224). 그럴 경우에 성장은 앞서 지적한 바와 같이 논리적으로 중층의 위층에 있는 실재 또는 자아를 향하여 나아가는 것 이외에 결코 다른 것일 수 없다. 물론 교과교육에 참여하는 교사나 학습자가 그러한 목적을 매 순간 인식하고 그것을 향하여 나아가려고 노력하게 된다는 뜻은 아니다. 교과교육의 목적에 관한 그러한 주장은 어느 편인가 하면, 그들로 하여금 자신이 참여하는 교과교육 속에 이미 그것의 목적이 붙박여 있다는 신념을 갖도록 함으로써 온갖 종류의 외재적 목적에 현혹됨이 없이 오직 그 의미를 실현하는 일에 전념하도록 이끌 수 있다는 뜻으로 읽어야 한다(김승호, 1994: 225). 학습자가 그러한 방식으로 교과교육에 참여한 결과로 이루게 되는 이상적인 경지는 "마치 계시의 섬광과도 같이 … 오랜 기간 동안 서서히 진행되었던 부화의 과정에 의하여 홀연히 찾아들게 된다(AE: 266)."

3. 교과교육의 목적으로서의 해득

현대 교육학에서 교육의 목적은 다양한 용어로 기술되고 있지만, 그것은 관점에 따라 두 가지로 대별될 수 있다. 실재의 획득이나 합리성의 함양이 교육 내용에 거점을 두고 교육의 목적을 규정하는 것이라면, 전인이나 자아실현은 그것을 배우는 주체로 거점을 옮겨 와서 교육의 목적을 규정하는 것에 해당한다. 다양한 용어로 기술되는 교육의 목적이 이와 같이 상이한 관점에서 비롯된다는 사실은 교육의 목적을 나타내는 그러한 다양한 용어가 상이한 대상을 가리키는 것이 아니라는 점을 보여 준다. 직접적으로 말하면, 그러한 상이한 용어로 기술되는 교육의 목적은 동일한 대상의 상이한 측면에 해당한다고 말해야 하는 편이 옳다. 적어도 학교교육은 그것이 어떤 형태를 띠든지 간에 교과를 배우는 일을 떠나서 존재할 수 없다는 사실을 존중하여 말하면, 교육의 목적은 학습자가 교과를 배운 결과로 도달하게 되는 최종적인 경지를 가리키는 개념 이외에 다른 것일 수 없다. 만일 그 경지가 다양할 수 있다면, 그것은 다양하다는 바로 그 점에서 최종적인 경지일 수 없다. 요컨대, 교육의 목적은 교과 속에 들어 있는 일체의 좋은 것을 포괄하는 오직 하나의 경지로 파악되어야 마땅하다.

흔히 '단편적 지식'이라는 용어는 교과를 그릇되게 배운 상태를 지적하기 위하여 사용된다. 그 용어로 지칭되는 그릇된 상태가 정확하게 어떤 것인가는 분명하지 않지만, 그것과 대비되는 '이해' 또는 '해득'이라는 용어는 그것이 교과를 성공적으로 배운 상태를 가리킨다는 점에서 원칙상 그 하나의 경지에 도달한 이상적인 상태를 가리킨다고 말해도 틀리지 않는다. 전인이나 자아실현 등을 포함하여 교육의 목적을 나타내는 다양한 용어는 이 점에서 그 상태를 다양한 측면에서 드러낸다고 말할 수 있다. 그리하여 '해득'이라는 용어가 정확하게 어떤 상태를 가리키는가는 교육의 목적에 관한 논의가 해명해야 할 근본적인 과제로 될 수밖에 없다.

듀이의 교과교육이론과 성리학의 격물치지론은 바로 그 과제를 상이한 측면에서 드러내려는 시도를 전형적으로 예시한다는 점에서 중요성을 띤다. 물론 이들 두 가지 이론은 그 사이에 가로놓여 있는 시간과 공간의 차이만큼이나 상이한 것처럼 여겨진다. 그러나 이러한 피상적인 시각은 이하에서 드러날 바와 같이 그 각각이 교과교육의 이상을 어떤 방식으로 표방하고 있는지를 검토하는 과정에서 자연스럽게 불식될 수 있다.

듀이의 이론체계 내에서 교과교육의 목적이 성장이라는 개념으로 기술되고 있다는 데에 대해서는 이견이 있을 수 없다. 성장이라는 개념이 차지하는 이러한 무게를 감안하면, 듀이는 성장이라는 개념이 구체적으로 어떤 것인지를 규정했어야 마땅하지만, 기이하게도 그것에 관한 그의 직접적인 규정은 찾아볼 수 없다. 듀이는 도리어 성장이라는 것이 외부에서 부과된 고정된 지점을 향하여 나아간다는 그릇된 연상을 미연에 방지하기 위한 의도에서 그것을 명시적으로 규정하지 않는다고 밝히고 있다(DE: 60–61). 그러나 그렇다고 해서 성장이라는 개념은 명시적으로 규정될 수 없다든지, 듀이가 성장이라는 개념에 대한 자신의 생각을 전적으로 배제시키고 있다고 말하는 것은 잘못이다. 오히려 듀이는 경험이론에 기초하여 교과이론을 체계화하는 것으로 성장이라는 것이 어떤 것인지를 설명한 것이나 다름이 없다고 생각할 것으로 짐작된다. 그래서 그는 교과교육이론 전체를 통해서 성장이라는 것이 어떤 것인지를 설명하고 있다고 말하는 편이 옳다. 그러므로 성장이라는 개념을 둘러싼 분분한 해석은 그것이 어떤 것이든지간에 오직 듀이의 교과교육이론을 통해서 검토되지 않으면 안 된다.

듀이의 교과교육이론은 앞에서 지적한 바와 같이 경험이론의 두 축에 해당하는 연속성과 교변작용으로 설명된다. 주체와 대상의 연속성 혹은 마음과 교과의 연속성은 이들 양자가 표면상 따로 떨어져서 별도로 존재하는 것처럼 보이지만 중층구조의 위층으로 연결된 한 개의 구조를 나타낸다는 점을 지적하는 개념으로 해석될 수 있다. 사실상 마음과 교과 사이에 교변작용이 일어나기 위해서는 이와 같이 이들 양자가 하나로 연결되어 있다고 보지 않으면 안 된다. 마음과 교과의 연속성은 이 점에서 이들 양자 사이에 교변작용이 일어나기 위한 조건 또는 그것을 설명하기 위한 개념적 방안에 해당한다고 말할 수 있다.

마음과 교과의 이러한 연속성에 기반을 두고 일어나는 교변작용의 역동적 과정에 관한 듀이의 설명은 어디에서도 찾아볼 수 없다. 그러나 교과교육의 목적으로서의 성장이라는 것은 원칙상 그러한 교변작용이 시간 계열을 따라 진행되는 것 이외에 다른 것으로 파악될 수 없다. 듀이가 경계하는 바깥에 부과된 고정된 목적이라는 것은 이러한 역동적 과정과 무관하게 파악되는 목적을 가리킨다고 말할 수 있다. 사실상 마음과 교과의 역동적 교변작용과 무관하게 파악되는 교과교육의 목적은 임의적인 것 혹은 그것을 규정하는 당사자의 심리적 취향에 지나지 않는 것으로 되며, 이 점에서 듀이의 경계심은 정당한 것으로 받아들여야 한다. 그렇기는 해도 교과교육의 목적을 적극적으로 규정할 수 없다는 것이 듀이의 주장이라고 생각하는 것은 잘못이다. 아닌 게 아니라 듀이는 한편으로 교과교육의 목적이 임의성을 띠게 되는 불행한 사태를 경계하기 위하여 그것을 성장이라는 소극적 개념으로 규정하면서 다른 한편으로는 교과교육의 이상적인 경지를 보다 적극적으로 실재의 획득 혹은 자아의 실현이라는 용어로 규정하고 있다.

격물치지론은 성격상 듀이의 교과교육이론과 동일한 방식으로 자득을 규정하고 있다. 격물치지론 속에는 앞서 드러난 바와 같이 당사자의 마음과 그것의 바깥에 있는 경전이 중층구조를 나타낸다는 특이한 생각을 바탕에 깔고 있다. 즉, 마음과 경전은 표면상 따로 떨어져서 별도로 존재하는 것처럼 보이지만 그 이면에 자리 잡고 있는 리를 공통분모로 하여 하나로 연결되어 있다는 것이 그 생각의 골자다. 듀이의 교과교육이론을 공부한 사람이 격물치지론 속에 붙박여 있는 이러한 생각을 접한다면 그는 거의 즉각적으로 연속성이라는 개념을 머릿속에 떠올리게 될 것이다. 아닌 게 아니라 격물치지론 속에 들어 있는 그 생각은 듀이의 교과교육이론에서 연속성이 담고 있는 생각과 마찬가지로 당사자의 마음과 그것의 바깥에 있는 경전 사이의 순환 과정을 설명하기 위하여 특별히 고안된 개념적 도구에 해당한다.

격물치지론은 바로 그 중층구조의 아이디어에 근거하여 마음과 경전 사이에 일어나는 이상적인 순환 과정을 설명한다. 격물치지론 내에서 그 순환 과정을 통해서 최종적으로 이르게 되는 이상적인 경지를 가리키는 개념을 찾는다면 리 혹은 활연관통(豁然貫通)이라는 개념이 바로 그것이라고 말할 수 있다. 그러나 그러한 개념은 보다 일반적인 수준에서 자득이라는 개념으로 이어져 내려오고 있다. 자득은 이 점에서 격물치지론에 의하여 지적되는 경전 공부 혹은 교과교육을 분석한 결과로 드러나는 필연적 개념이라고 말할 수 있다.

얼른 생각하면, 격물치지론에 의하여 부각되는 자득이라는 개념과 듀이가 상정하는 성장이라는 개념은 완전히 다른 경지를 가리키는 것으로 여겨질 가능성이 있다. 그러나 성장 혹은 그것과 동일한 경지를 가리키는 실재의 획득이나 자아의 실현이라는 개념은 학습자의 마음과 교과를 연결하는 공통분모를 목적의 용어로 바꾸어 기술하는 것에 지나지 않는다. 그리고 자득 또한 당사자의 마음과 경전을 연결하는 공통분모로서의 리를 경전 공부의 목적에 거점을 두고 기술하는 개념 이외에 다른 것일 수 없다. 그리고 그 공통분모는 성격상 모든 것을 한꺼번에 압축하고 있는 것으로서 오직 하나일 수밖에 없다. 그러므로 성장이라는 개념과 자득이라는 개념이 상이한 실체를 가리킨다는 것은 정의상 용납되지 않는다. 그리하여 격물치지론과 듀이의 교과교육이론은 공히 마음과 교과의 교섭 과정을 분석하는 방식을 통해서 그것이 지향하는 이상적인 경지를 상이한 용어로 나타내는 것으로 파악될 수 있다.

교과교육의 목적에 관한 격물치지론과 듀이의 그러한 규정방식은 현대 교육학에서 '교육인식론적 관점'으로 알려져 있다. 교육인식론이 담고 있는 원래의 아이디어는 "지식이 어떤 성격의 것인가 하는 것은 지식의 획득 과정에 논리적 가정으로 붙박여 있다."는 명제로 요약된다(유한구, 1998: 7). 지식의 성격은 그것을 획득하는 과정과 무관하게 그 자체로 규정되는 것이 아니라 오직 논리적 분석을 통해서 그 과정에 붙박여 있는 가정을 드러냄으로써 규정될 수 있다는 것이 이 명제의 요지다. 그러나 그렇다고 해서 지식의 획득과정과 무관하게 지식의 성격을 규명하는 일이 실지로 불가능하다는 뜻은 아니다. 그 일은 어느 편인가 하면, 전통적 인식론의 주된 과제로 되어 있다. 셰플러가 지식의 성격을 밝히는 일과 학습자로 하여금 지식을 획득하도록 하는 일을 각각 인식론과 교육학의 과제로 배당하면서, 전자가 '지식의 조건'을 통해서 자신이 하려고 하는 일이라고 표방하는 것은 그러한 인식론의 전통을 따른 것이라고 말할 수 있다(Scheffler, 1965: 1-5).

그러나 지식의 획득 과정과 무관하게 규정된 지식의 성격은 그것이 누구에 의해서 어떻게 규정된 것이든 간에 그것은 임의적인 것이거나 우연적인 것일 수밖에 없다(유한구, 1998: 20). 교육인식론은 전통적 인식론이 드러내는 이러한 난점을 극복하는 방안을 지식의 획득 과정에서 찾는다. 교육인식론의 선구자로 지목되는 함린의 용어를 빌어 요약하면, 지식의 획득 과정 속에는 지식이 사회적 성격을 띤다는 사실이 논리적 가정으로 붙박여 있으며, 이 점에서 지식은 필연적으로 사회적 성격을 띠는 것으로 파악될 수밖에 없다(유한구, 1998: 64-73; Hamlyn, 1978: 59).

해득이라는 것이 교과 속에 들어 있는 지식을 획득한 상태 이외에 다른 것일 수 없다는 점에서 보면, 교육인식론이 나타내는 앞의 아이디어는 교과교육의 목적으로서의 해득이 필연적으로 사회를 받아들인 상태로 규정될 수밖에 없다는 점을 지적하는 것으로 받아들일 수 있다. 그러나 이 경우에도 여전히 교과교육을 통해서 받아들인 사회라는 것이 정확하게 어떤 상태를 가리키는가 하는 질문은 제기될 수 있다. 이 질문에 대한 대답의 방향은 이미 교육인식론 속에 시사되어 있다. 즉, 교육인식론이 지식의 획득 과정에 근거하고 있다는 사실은 교과를 배우는 과정을 보다 치밀하게 드러내는 것 이외에 그 질문에 대답하는 별도의 방법은 있을 수 없다는 점을 보여 주고 있다.

도식적으로 말하면, 교육인식론이 근거하고 있는 교과를 배우는 과정은 학습자의 마음과 교과의 교섭 과정으로 파악될 수 있다. 그러므로 교과교육의 목적으로서의 해득이 정확하게 어떤 상태를 가리키는지를 드러내기 위해서는 마음과 교과의 교섭 과정을 설명하는 이론에 의존할 수밖에 없다. 격물치지론과 듀이의 교과교육이론은 앞의 두 절에서 고찰한 바와 같이 그 교섭 과정을 마음과 세계의 교섭 과정으로 설명하는 이론의 전형적인 사례라고 말해도 전혀 틀리지 않는다.

그리고 실재의 획득이나 자아의 실현 혹은 자득은 그 설명에 의하여 드러나는 교과교육의 목적에 해당한다. 함린에 의하여 지적되는 사회를 획득한 상태는 이 점에서 실재를 획득한 상태나 자아를 실현한 상태 혹은 자득의 경지와 다른 것일 수 없으며, 해득도 바로 그런 상태를 일반적인 수준에서 일컫는 이름이라고 짐작된다.

격물치지론이나 듀이의 교과교육이론에 의하여 예시되는 이러한 교육인식론적 관점은 지식의 획득 과정에 관한 오우크쇼트의 견해를 통해서 확인할 수 있다. 오우크쇼트에 따르면, 일체의 지식은 '정보'와 '판단'이라는 두 가지 요소의 결합으로 이루어져 있다(LT: 51, 55).[10] 정보는 알코올의 비중이나 질소의 원자 구조와 같이 언어의 형태로 지식의 표면에 드러나 있는 그것의 명시적 측면을 가리킨다(LT: 51). 여기에 비하여 판단은 지식의 밑바닥에 깔려 있는 그것의 묵시적 측면으로서 스타일, 어조, 분위기 등 도저히 명제의 형태로 언어화할 수 없는 요소가 여기에 포함된다(LT: 56).

오우크쇼트가 제시하는 이러한 정보와 판단의 구분은 지식이 담고 있는 내용의 두 가지 종류를 가리키는 것이 아니라, 지식이 전달되는 상이한 방식을 가리킨다. 즉, 그 구분은 지식의 성격을 분석함으로써 얻어진 것이 아니라 교수활동과 학습활동의 의미를 분석함으로써 얻어진 지식의 두 측면에 해당한다(LT: 57). 그러므로 정보와 판단은 '측면' 이라는 말이 시사하는 바와 같이 각각 별도의 시간에 별도의 과목

---

10) 오우크쇼트의 저서 및 논문은 다음과 같이 약칭으로 표기한다.
EM: Experience and its Modes
PL: A Place of Learning
LT: Learning and Teaching
EF: Education: The Engagement and its Frustration

을 통하여 따로따로 전달되거나 획득될 수 있는 것이 아니다(LT: 61–62). 그렇기는 해도 정보와 판단이 동일한 방식으로 전달된다고 생각해서는 안 된다. 정보가 언어를 매개로 하여 드러나게 전달된다면, 판단은 정보의 전달하는 과정에 수반되는 가르치는 사람의 비언어적 요소에 의하여 은밀하게 전수된다. 즉, 가르치는 사람은 정보를 전달하는 과정에서 판단을 간접적으로 전달하게 되며, 배우는 사람은 정보의 획득에 수반되는 부산물로서 판단을 소유하게 된다(LT: 60–62). 요컨대, 지식을 가르치는 일은 '정보의 전달'과 '판단의 전수'라는 이중의 활동으로 이루어져 있으며, 그런 만큼 지식을 배우는 일은 '정보의 획득'과 '판단의 소유'라는 이중의 활동으로 이루어진다고 말할 수 있다(LT: 57).

지식을 배우는 과정에 관한 오우크쇼트의 이러한 견해는 '경험과 그 양상'에 나타난 그의 초기 사상에 의하여 구체성을 띤다. 그 사상에 따르면, 경험은 일체의 대상을 아무런 구분이 없는 형태로 한꺼번에 압축하고 있는 총체요, 실재다(EM: 66, 71). 인류의 문화유산은 단순히 인간의 마음과 별도로 존재하는 사물의 세계가 아니라 경험 속에 들어 있는 수많은 의미가 서로서로 지지하고 해석하면서 하나의 총체로 연결되어 있는 그러한 정신세계다(LT: 45). 그리고 우리에게 주어져 있는 다양한 영역의 학문은 그러한 정신세계가 특정한 측면에서 외부적으로 표현되는 그것의 양상에 해당한다(EM: 71–78).

오우크쇼트는 이러한 경험과 그 양상의 관계를 교육의 맥락에서 정보와 판단의 관계로 해석한다. 사실상 정보와 판단이 경험과 그 양상의 관계가 보여 주는 바와 같이 표현과 원천의 관계로 결합되어 있지 않을 경우에 정보를 획득하는 과정에서 판단을 소유하는 일은 원칙상 불가능하다. 판단은 이 점에서 마음과 세계의 구분을 비롯하여 그것에 원천을 두고 있는 대상 간의 구분 등 일체의 구분을 벗어나 있다고 말할 수 있다. 그러므로 판단은 경험과 마찬가지로 순전히 마음도 아니요, 세계도 아니라고 말하는 것이 정확하다. 오우크쇼트가 판단을 지식의 한 측면이라고 말하는 것은 순전히 마음도 아니요, 세계도 아닌 바로 그것을 마음의 측면에서 파악하는 데에서 비롯된 것이라고 말할 수 있으며, 그가 가끔씩 판단을 마음으로 규정하는 것 역시 이러한 맥락에서 이해되어야 한다(LT: 59, 62; EF: 70; PL: 19). 그리하여 배우는 사람에게는 마음과 세계를 가로질러 두루 퍼져 있는 바로 그 판단이라는 것이 배움의 조건으로서 이미 갖추어져 있다고 말할 수 있다.

오우크쇼트에게 있어서 지식을 배우는 일은 바로 그 판단을 조건으로 하여 일어나는 마음과 지식의 순환 과정으로 파악된다. 그리고 지식을 배우는 일의 이중적 과정은 그러한 순환 과정에서 파악되는 두 가지 운동 방향을 가리키는 것으로 받아들일 수 있다. 앞서 지적한 정보의 획득과 판단의 소유는 그러한 두 가지 방향의 운동에 의하여 학습자가 얻게 되는 것을 가리킨다. 지식을 배우는 사람이 그 순환 과정에 의하여 명시적으로 획득하게 되는 정보와 그 과정에서 은밀하게 소유하게 되는 판단은 그러한 두 가지 방향에서 일어나는 운동의 결과 이외에 다른 것일 수 없다. 오우크쇼트는 배우는 사람으로 하여금 정보를 획득하는 과정에서 판단을 소유하도록 이끄는 것이 가르치는 사람의 주된 임무이며(LT: 45), 그러한 이중적인 과정을 통해서 인류의 문화유산에 입문하는 것이 배우는 사람의 인간적인 의무라고 규정하고 있다(EF: 68; PL: 18). 그리하여 오우크쇼트는 나름의 교육인식론적 관점을 통해서 지식을 해득한다는 것을 정보의 수준을 넘어서 판단의 수준으로 나아가는 것으로 규정하는 셈이다(PL: 26; EF: 70).

교과교육에 관한 다양한 이론 속에 명시적인 형태로 혹은 묵시적인 형태로 들어 있는 이러한 교육인식론적 관점이 중요성을 띠는 것은 이미 확인한 바와 같이 그것이 교과의 성격과 더불어 그것을 배우는 일의 의미를 보여 주기 때문이다. 사실상 교과가 어떤 성격의 것인가는 최초의 교육과정이론으로 지목되는 형식도야이론에 의하여 희미한 형태로나마 이미 제시되어 있다. 그 이론에 따르면, 교과는 그것의 표면을 이루는 내용과 그 이면에 위치하는 형식이 결합된 구조를 나타낸다(장성모, 1998: 237). 교육인식론의 관점을 견지하는 앞의 여러 이론은 교과를 이루는 이러한 내용과 형식이 표현과 원천의 관계를 나타낸다는 점을 여실하게 확인시켜 준다. 그리하여 교과의 구조에 관한 형식도야이론의 입장은 형식의 표현으로서의 내용과 내용의 원천으로서의 형식이 표면과 이면으로 결합된 구조를 나타낸다는 말로 바꾸어 읽을 수 있다.

형식도야이론이 표방하는 이러한 교과의 구조 속에는 마음과 교과의 관계가 함의되어 있다. 중층구조에 관한 앞 절의 논의가 시사하는 바와 같이, 교과의 이면 또는 위층에 위치하는 형식은 그것의 표면 또는 아래층에 있는 모든 내용은 물론이고 그 내용을 대면하는 학습자의 마음을 아무런 구분이 없는 형태로 한꺼번에 압축하고 있다. 그러므로 그것은 순전히 교과도 아니요, 마음도 아니라고 보아야 한다. 적극적으로 말하면, 그것은 교과와 마음을 무형태로 압축하고 있다는 바로 그 점에서 교과라고 불러도 무방하고 마음이라고 불러도 무방하다. 학습자에 거점을 두고 말하면, 그의 마음은 교과를 대면하고 있는 보통의 마음과 더불어 교과의 형식과 다르지 않은 특별한 마음이 아래위로 결합된 구조를 나타낸다고 말할 수 있다. 표면상 따로 떨어져서 별도로 존재하는 것처럼 보이는 마음과 교과는 이 점에서 그것의 위층을 공통분모로 하여 하나로 연결되어 있다고 말할 수 있다. 그리하여 마음과 교과는 이들 양자가 구분되는 아래층과 그것이 하나인 위층이 맞붙어 있는 중층구조를 나타내는 것으로 된다. 그리고 교과의 내용을 통해서 그 형식을 획득하는 것이 교과교육의 이상이라는 형식도야이론의 기본적인 주장은 이러한 중층구조에 근거하여 일어나는 마음과 교과의 교섭 과정으로 설명된다고 말할 수 있다.

교과교육의 이상을 실현하는 일에 관한 이러한 주장이 신빙성을 갖기 위해서는 자세한 설명이 필요하지만, 그 이전에 그러한 주장 속에 들어 있는 한 가지 심각한 문제를 먼저 해결하지 않으면 안 된다. 교과가 학습자의 마음속에 갖추어져 있다는 주장은 교과를 배우는 일이 가능하다는 점을 보이기 위한 과정에서 도출된 사실이다. 그런데 교과가 학습자의 마음속에 갖추어져 있다는 주장은 그가 이미 교과를 알고 있다는 말을 공간적 비유로 표현한 것에 지나지 않으며, 이 점에서 그 주장은 교과를 배우는 일의 필요성에 정면으로 위배되는 것으로 여겨진다. 그러므로 학습자의 마음속에 교과가 갖추어져 있지 않을 경우에 교과를 배우는 일은 불가능하고, 학습자가 교과를 갖추고 있을 경우에 그 일은 불필요한 것으로 파악된다. 바꾸어 말하면, 교과를 배우는 일이 가능하기 위해서는 학습자가 이미 교과를 알고 있다고 말해야 하며, 그 일이 필요한 것으로 되기 위해서는 학습자가 교과를 전혀 알지 못하고 있다고 말할 수밖에 없다. 그리하여 교과를 해득하는 일은 '학습자는 교과를 이미 알고 있으면서도 전혀 알지 못한다.'는 식으로 진술되는 명백한 패러독스를 제기하는 것으로 된다.

'교과교육의 패러독스'라고 부를 수 있는 이 진술은 그 형태에 있어서 앞 절에서 나타난 격물치지의 패러독스와 다르지 않다. 그리고 격물치지의 패러독스가 어떻게 해소되는가는 이 패러독스를 해소하는 데에 중요한 단서가 될 수 있다. 교과교육의 패러독스는 격물치지의 패러독스가 보여 주는 바와 같이 근본적으로 학습자의 마음속에 갖추어져 있는 것으로 추론되는 교과의 성격에서 비롯된다(박채형, 2002: 87-88). 즉, 학습자의 마음속에 갖추어져 있는 것으로 추론되는 교과는 리가 일체의 언설을 무형태로 압축하고 있는 것과 마찬가지로 교과의 표면을 이루는 언어적 기술 전체를 아무런 구분이 없는 형태로 한꺼번에 압축하고 있는 그런 것이다. 형식도야이론에 등장하는 교과의 형식은 학습자의 마음속에 갖추어져 있는 바로 이 교과를 교과의 표면에 드러난 그것의 내용과 대비하여 일컫는 이름이다. 학습자는 그러한 교과의 형식을 생득적 조건으로 하여 교과를 배우는 일이 가능하게 된다.

'안다.'라는 말을 한 가지 사례로 하는 우리의 언어는 마음과 세계의 구분을 비롯하여 그것에 원천을 두고 있는 대상 간의 구분 등 오직 구분이 적용되는 대상에 한해서 정상적인 어법을 나타내는 경험적 언어다. 그런데 교과의 형식은 대상 간의 구분은 물론이고, 그 구분이 원천을 두고 있는 마음과 교과의 구분 등 일체의 구분을 벗어나 있다는 점에서 경험적 언어가 정상적으로 적용되지 않는다. 그렇기는 해도 경험적 언어 이외에 교과의 형식을 기술하는 데에 활용될 별도의 언어는 존재하지 않는다. 그래서 교과교육의 패러독스는 '안다.' 라는 말이 정상적으로 적용되지 않는 교과의 형식에 그 말을 불가피하게 차용한 데서 비롯된다. 학습자가 그러한 교과를 이미 갖추고 있다는 점에서 보면 학습자는 결코 앎이 결여된 상태에 있는 것이 아니다. 학습자는 오히려 자신이 배워야 할 교과를 이미 완벽하게 알고 있다고 말하는 편이 옳다. 그러나 교과의 형식을 안다는 것은 결코 정상적인 의미로 안다는 뜻일 수 없다. 즉, 학습자는 자신의 마음속에 교과를 이미 갖추고 있지만 그 교과는 일체의 구분을 벗어나 있다는 점에서 그에게 전혀 파악되지 않는다. 학습자가 교과를 이미 알고 있음에도 불구하고 그것을 알기 위하여 교과를 배우는 일에 참여하여야 하는 이유가 바로 여기에 있다. 결국 교과교육의 패러독스는 경험적 언어를 마음과 교과의 이면에 그것의 공통된 기반으로 자리 잡고 있는 형식을 기술하기 위하여 불가피하게 차용하는 데에서 빚어진 결과라고 말할 수 있다. 그리고 마음과 교과가 표면과 이면이라는 두 가지 층으로 이루어져 있다는 점을 고려할 경우에 그러한 패러독스는 오히려 당연한 것으로 된다. 그리하여 내면화의 패러독스는 우리에게 마음과 교과가 표면과 이면이 맞붙어 있는 중층구조를 나타낸다는 사실을 일깨워 주는 개념적 방안으로 귀착된다.

마음과 교과의 순환은 교과교육의 패러독스가 일깨워 주는 바와 같이 이들 양자가 중층의 위층에 위치하는 교과의 형식을 매개로 하여 연결되어 있기 때문에 가능하며, 그 순환의 과정은 두 가지 방향에서 파악된다(박채형, 2002: 89-90). 마음이 교과를 향하여 나아가는 것이 한 가지 방향이라면, 또 한 가지는 교과가 마음을 향하여 되돌아오는 방향이다. 학습자가 교과교육에 참여한 결과로 획득하게 되는 교과의 내용은 마음의 바깥에 있는 교과가 마음속으로 들어온 것이 아니라 그의 마음속에 갖추어져 있는 교과의 형식이 바깥에 있는 교과를 계기로 하여 외부적으로 표현되는 것이다. 교과를 배우는 일을 이와 같이 전자의 관점에서 파악할 경우에 교과교육이 학습자로 하여금 교과의 내용을 머릿속에 기억해 두었다가 그것이 요구되는 상황에서 재생하여 활용하도록 이끄는 일이라는 통념은 그다지 그릇되지 않은 것처럼 보인다. 사실상 이 통념은 다음 순간에 교과가 생활에 유용해야 한다는 생각으로 나아가기 마련이다. 그리하여 교과교육은 학습자로 하여금 사욕을 추구하도록 부추기는 일로 전락할 수밖에 없었다. 교과교육이 직면하는 이러한 사태는 교과가 마음으로 되돌아오는 후자의 방향이 정당하게 존중되지 않는 데서 비롯된다.

학습자가 파악하는 교과의 내용은 앞서 지적한 바와 같이 그의 마음속에 갖추어져 있는 교과의 형식의 외부적인 표현에 해당한다. 그러므로 학습자가 교과의 내용을 파악했다면 그는 교과의 형식을 경유했다고 보지 않으면 안 된다. 후자의 관점에서 말하면, 교과는 학습자로 하여금 교과교육에 참여하도록 함으로써 그 속에 들어 있는 교과의 형식을 대면하도록 만드는 셈이다. 그리하여 학습자는 자신의 마음속에 갖추어져 있는 교과의 형식을 표현하여 교과의 내용을 획득하는 매 순간 교과 속에 들어 있는 교과의 형식을 대면하게 된다고 말할 수 있다. 학습자가 교과교육을 통해서 교과의 내용을 획득하는 과정에 참여하면 할수록 교과의 형식은 점점 더 뚜렷한 형태로 다가오게 된다. 그리하여 학습자는 그 일에 끊임없이 참여하는 과정에서 홀연히 자신의 마음이 교과의 형식 그 자체로 되는 순간을 맞이하게 된다. 만일 교과교육의 궁극적 목적이 학습자로 하여금 교과를 '해득' 하도록 이끄는 데에 있다면, 교과교육이 지향하는 이상적인 경지로서의 해득은 학습자가 교과교육에 참여한 결과로 그의 마음이 교과의 형식으로 되는 경지 이외에 다른 것일 수 없다.

결국 교육인식론적 관점은 이상의 논의에서 드러난 바와 같이 교과교육을 학습자의 마음과 그것의 바깥에 있는 교과의 순환 과정이라는 도식을 통해서 우리에게 교과가 어떤 성격의 것인가 하는 것과 더불어 교과를 배우는 일이 어떤 성격의 활동인지를 일깨워 주기 위하여 마련된 개념적 도구라고 말할 수 있다. 교과는 흔히 내용이라고 부르는 언어적 기술로 이루어져 있는 것으로 생각된다. 그러나 교육인식론적 관점은 교과 속에 그것의 표면 또는 아래층을 이루는 내용과 더불어 그 이면 또는 위층에 위치하는 형식이 들어있다는 점과 교과는 형식의 표현으로서의 내용과 내용의 원천으로서의 형식이 표면과 이면 또는 아래층과 위층으로 맞붙어 있는 구조를 나타낸다는 점을 보여 준다. 나아가 교육인식론적 관점은 마음이 교과가 나타내는 그러한 구조와 동형을 나타낸다는 점에 근거하여 교과교육이 학습자로 하여금 단순히 그것의 표면을 이루는 내용을 '소유'하도록 만드는 데에 그 목적이 있는 것이 아니라 그 이면에 위치하는 형식을 획득하도록 이끎으로써 '존재' 그 자체를 변화시키는 데에 있다는 점을 일깨워 준다. 격물치지론이 보여 주는 자득이라는 개념을 비롯하여 듀이의 교과교육이론이 드러내는 실재의 획득이나 자아의 실현이라는 개념 그리고 오우크쇼트가 지적하는 판단의 소유나 문화유산에의 입문이라는 개념은 나름의 방식에 근거하여 한결같이 이 점을 보여 주는 것으로 해석될 수 있다.

제5장

해득을 위한 교육을 지향하며

'해득'이라는 개념은 이해라는 용어와 더불어 교과교육의 목적을 가장 일반적인 수준에서 지적하는 그것의 대명사에 해당한다. 그럼에도 불구하고 정작 그것이 어떤 경지를 가리키는가 하는 것은 그다지 교육학의 관심사로 존중되지 않는다. 해득이라는 개념이 이러한 기이한 사태에 직면하게 되는 이유는 그것이 교육학의 전문 술어라기보다는 훨씬 더 일상적인 용어에 가깝다는 데에서 찾을 수도 있겠다. 그러나 그러한 사태는 보다 근본적으로 교과교육에 관한 통념에서 빚어진 결과라고 말할 수 있다.

교과는 흔히 마음의 바깥에 있는 것으로 생각된다. 교과에 관한 이러한 부정할 수 없는 사실은 사람들로 하여금 교과교육이 마음의 바깥에 있는 교과를 마음속으로 받아들이도록 만드는 활동 이외에 다른 것이 아니라는 생각을 갖도록 만든다. 교과교육에 관한 이러한 통념은 다음 순간에 학습자로 하여금 교과의 내용을 획득하도록 함으로써 장차의 생활에서 그것을 활용하도록 이끌어야 한다는 생각으로 나아가게 된다. 아닌 게 아니라 학습자가 학교에서 배운 교과를 일상생활에서 당면하는 문제를 해결하는 데에 활용하는 것은 교과를 성공적으로 학습했다는 점을 보여 주는 증거로 생각되고 있다. 그리고 교과교육에 대한 비판적 분위기를 자아내는 '단편적 지식'이라는 용어는 교과교육이 그와 같이 일상의 생활과 연결되지 못하는 사태를 지적하기 위하여 마련된 개념으로 되어 있는 것이 오늘날의 형편이라고 말해도 크게 틀리지 않는다.

그러나 교과와 생활의 그러한 관련은 그것에 관한 상식적인 생각과는 달리 결코 찬양의 대상이 될 수 없다. 그것은 어느 편인가 하면, 교과교육을 학습자로 하여금 사욕을 추구하도록 부추기는 일로 전락시키는 것으로 된다고 말해야 옳다. 교과교육이 직면하는 이러한 불행한 사태는 궁극적으로 교과를 평면적으로 파악하는 데에서 빚어진 결과라고 말할 수 있다. 교육인식론적 관점은 교과에 관한 이러한 상식적인 견해에 대한 전면적인 수정을 요구하면서, 그것에 의하여 지시되는 교과의 성격을 통해서 교과를 배우는 일의 의미를 재고하도록 요구하고 있다.

먼저 교과의 성격에 관하여 말하면, 교육인식론적 관점은 교과가 그것의 표면을 이루는 내용과 그 이면에 위치하는 형식이 아래위로 결합된 구조를 나타낸다는 점을 받아들이지 않을 수 없도록 만든다. 교육인식론적 관점이 지적하는 이러한 교과의 구조는 이미 형식도야이론에 의하여 널리 알려져 있다. 교과는 그것의 표면을 이루는 내용과 그것이 이면에 위치하는 형식이 결합된 구조를 나타낸다는 것이 바로 그것이다. 형식도야이론은 교육인식론적 관점이 지적하는 교과의 구조를 이와 같이 내용과 형식이라는 용어로 도식화하고, 그것에 근거하여 교과의 내용을 통해서 그 형식을 획득하는 것이 교과교육의 이상이라는 점을 표방하는 최초의 교육과정이론으로 지목되고 있다.

사실상 교과가 마음의 바깥에 있다는 상식적인 생각에 집착하게 되면 형식도야이론이 표방하는 그러한 교과교육의 이상은 마음의 바깥에 있는 교과를 마음속으로 받아들임으로써 실현되는 것으로 여겨질 수밖에 없다. 그런데 마음은 몸속 어딘가에 있는 물리적 공간일 수 없으며, 교과 또한 몸속으로 들어올 수 있는 그런 것이 아니다. 그럼에도 불구하고 그러한 교과교육의 이상이 실현될 수 있다면, 교과는 오직 마음의 바깥에 있다기보다는 학습자의 마음속에 이미 갖추어져 있다고 볼 수밖에 없다. 이와 같이 마음의 바깥에 있으면서 동시에 마음속에 갖추어져 있는 그런 것이 있다면, 그것은 순전히 마음도 아니요, 순전히 교과라고도 말할 수 없다. 교과의 형식은 이와 같이 마음과 교과 혹은 안과 밖을 가로질러 두루 퍼져 있는 바로 그것을 교과의 측면에서 일컫는 이름이라고 말할 수 있다. 그리고 형이상학적 마음은 그것을 우리에게 시시각각 인식되는 경험적 마음과 대비하여 일컫는 이름이라고 말할 수 있다. 그리하여 마음 또한 우리에게 인식되는 경험적 마음과 우리의 인식을 벗어난 형이상학적 마음이 아래위로 맞붙어 있는 구조를 나타내는 것으로 된다.

마음이 나타내는 이러한 구조는 그것과 동형을 이루는 교과의 구조와 연결되어 마음과 교과의 중층구조라는 아이디어를 만들어 낸다. 마음과 교과는 이들 양자가 구분되는 아래층과 그것이 하나인 위층이 정확하게 겹쳐서 맞붙어 있는 구조를 나타낸다는 것이 바로 그 아이디어다. 교육인식론적 관점은 우리로 하여금 일차적으로 마음과 교과의 교섭 과정을 분석함으로써 이들 양자가 나타내는 그러한 구조를 받아들이도록 요구한다. 교과의 내용을 통해서 그 형식을 획득하는 것이 교과교육의 이상이라는 형식도야이론의 기본적인 주장은 이러한 교육인식론의 관점에 의하여 부각되는 마음과 교과의 중층구조에 근거하지 않는 한 도저히 나타날 수 없다. 그리하여 학습자가 교과교육의 이상을 실현하는 일은 필경 그가 교과를 배우는 과정—도식적으로 말하면 마음과 교과의 교섭에 참여하는 과정—에서 자신의 마음속에 이미 갖추어져 있는 교과를 다시 마음으로 만드는 일로 파악될 수밖에 없다.

교육인식론적 관점이 보여 주는 이러한 마음과 교과의 교섭 과정은 두 가지 방향의 운동으로 파악된다. 마음이 교과로 나아가는 방향의 운동이 한 가지라면, 다른 한 가지는 교과에서 마음으로 되돌아오는 방향의 운동이다. 학습자는 누구나 교과교육에 참여한 결과로 교과의 내용을 획득하게 된다고 생각한다. 그렇기는 해도 학습자가 획득하는 교과의 내용은 교과와 마음의 성격상 마음의 바깥에 있는 교과가 그의 마음속으로 들어온 것이 아니다. 학습자가 획득하는 교과의 내용은 어느 편인가 하면, 그의 마음속에 갖추어져 있는 교과의 형식이 마음의 바깥에 있는 교과를 계기로 하여 외부적으로 표현되는 것에 해당한다. 전자의 관점에서 파악되는 교섭 과정은 이와 같이 파악된다.

그러나 그렇다고 해서 교과교육이 학습자로 하여금 교과의 내용을 획득하도록 이끄는 활동에 지나지 않는다고 생각하는 것은 잘못이다. 그러한 생각에서는 교과에서 마음으로 되돌아오는 후자의 방향이 정당하게 존중되지 않으며, 그런 만큼 교과교육에 관한 견해로서 온전한 것이 못된다. 후자의 방향에서 파악되는 마음과 교과의 교섭 과정이 어떤 것인가는 전자의 방향에서 파악되는 운동 속에 이미 시사되어 있다. 학습자가 그 교섭 과정에서 획득하는 교과의 내용이 그의 마음속에 들어 있는 형식의 표현이라는 것은 그가 교과의 내용을 획득하는 매 순간 교과의 형식을 대면하지 않을 수 없다는 것을 뜻한다. 바꾸어 말하면, 교과는 그 교섭 과정을 통해서 학습자로 하여금 부지불식간에 교과의 형식을 획득하도록 만드는 셈이다. 그리하여 교과교육은 학습자로 하여금 교과의 내용을 파악하는 과정에서 그 형식을 획득하도록 하기 위하여 마련된 제도적 장치라고 말할 수 있다.

형식도야이론이 맹아적인 형태로 보여 주는 이러한 교육인식론적 관점은 듀이의 교과교육이론이나 격물치지론에 의하여 전형적으로 예시된다. 듀이의 경우에 교육인식론이 보여 주는 마음과 교과의 중층구조의 아이디어는 흥미라는 개념을 통해서 확인할 수 있다. 듀이가 흥미라는 개념을 새롭게 규정하면서 품고 있었던 관심사는 학습자의 마음과 교과가 연속성을 나타낸다는 점을 지적하는 데에 있다. 즉, 흥미는 이들 양자가 따로 떨어져서 별도로 존재하는 두 개의 실체가 아니라 하나로 연결되어 있다는 점을 보여 주는 개념이다. 학습자의 마음과 교과가 따로 떨어져 있다는 것이 통념으로 널리 퍼져 있다는 사실에 기초하여 말하면, 흥미라는 개념이 지적하는 그러한 연속성은 사실적으로 분리되어 있던 학습자의 마음과 교과가 먼저 있었고, 그것이 하나로 연결되는 장면을 떠올리게 만든다. 그러나 그러한 연상은 듀이가 그토록 비판한 이원론의 오류를 한 부분으로 포함하고 있으며, 이 점에서 그것은 그가 염두에 두고 있는 연속성과는 거리가 멀다. 듀이의 예술이론에는 이 점이 분명하게 지적되어 있다. 그 이론에 따르면, 연속성은 오히려 마음과 세계가 비록 그와 같이 두 가지로 분석될 수는 있을지언정 원래 '하나'라는 뜻을 나타낸다(박철홍, 1993: 309). 듀이의 예술이론과 일관되게 해석하자면, 흥미라는 개념이 지적하는 마음과 교과의 연속성은 이들 양자가 비록 우리의 눈에는 그와 같이 두 가지로 보일지언정 원래 '하나'라는 뜻으로 파악되어야 마땅하다.

학습자의 마음과 교과가 하나로 연결되어 있다는 것은 이들 양자에 관한 통념과 결부되어 학습자의 마음과 교과가 어떤 구조로 되어 있는지를 직접적으로 보여 준다. 듀이도 받아들이고 있는 바와 같이, 학습자의 마음과 교과는 표면상 따로 떨어져서 별도의 공간을 차지하고 있다. 그럼에도 불구하고 이들 양자가 하나로 연결되어 있다면, 그 각각에는 표면과 대비되는 이면이라는 것이 있을 수 있다. 그리고 그 이면이라는 곳에는 흥미—정확하게 말하면, 흥미라는 개념이 지시하는 공통된 그 무엇—가 자리 잡고 있다고 보지 않으면 안 된다. 요컨대, 흥미는 학습자의 마음과 교과를 아무런 구분이 없는 형태로 한꺼번에 압축하고 있는 것이다. 이 점에서 그것은 이들 양자를 연결하는 그것의 공통분모에 해당한다고 말할 수 있다. 그리하여 학습자의 마음과 교과는 표면상 따로 떨어져 있는 것처럼 보이지만 그 이면에 있는 것으로 가정되는 흥미를 공통분모로 하여 연결되어 있는 것으로 파악된다.

듀이가 이와 같이 흥미라는 개념을 통해서 학습자의 마음과 교과의 연속성을 부각시키는 것은 연속성이 교변작용의 근거가 된다는 경험이론의 아이디어가 시사하는 바와 같이 이들 양자의 교변작용을 설명하기 위한 것으로 생각된다. 아닌 게 아니라 학습자의 마음과 교과 사이에 교변작용이 일어나기 위해서는 이들 양자가 모종의 공통분모로 연결되어 있다고 보지 않으면 안 된다. 정확하게 말하면, 이들 양자 사이에 교변작용이 일어나고 있다는 것은 이들 양자가 모종의 통로로 연결되어 있다는 점을 보여 준다. 만일 학습자의 마음과 교과 사이에 통로라고 할 만한 것이 없다면, 이들 양자 사이의 왕래 또는 서로 영향을 주고받는 일은 애당초 일어나지 않아야 마땅하기 때문이다.

듀이는 학습자의 마음과 교과의 연속성에 근거하여 일어나는 이들 양자의 교변작용에 관해서는 구체적으로 언급하고 있지 않다. 그렇기는 해도 그가 내세우는 교과교육의 목적의 소극적 개념으로서의 성장이나 그것을 적극적으로 규정하는 실재의 획득이나 자아의 실현은 필경 그러한 교변작용의 결과 이외에 다른 것일 수 없다. 그리하여 듀이는 자신의 경험이론에 예술이론의 옷을 입힘으로써 교육인식론적 관점을 완성한다고 말할 수 있다.

듀이의 교과교육이론이 마음과 교과의 중층구조를 지적하는 데에 초점을 두고 교육인식론적 관점을 구현하고 있다면, 격물치지론은 마음과 경전 사이에 일어나는 두 가지 방향의 운동으로 초점을 옮겨 놓고 교육인식론적 관점을 구현하고 있다. 격물치지론은 그 명칭이 시사하는 바와 같이 마음과 경전 사이에 일어나는 두 가지 방향의 운동을 격물과 치지라는 개념으로 규정하고 있다. 먼저 격물은 당사자의 마음속에 갖추어져 있는 인식의 조건으로서의 리가 마음의 바깥에 있는 경전을 계기로 하여 외부적으로 표현되는 운동을 가리킨다. 당사자가 마음과 경전의 순환 과정에 참여한 결과로 파악하게 되는 그것의 내용은 바로 그 결과에 해당한다고 말할 수 있다. 그렇기는 해도 당사자가 그 순환 과정에서 획득하게 되는 것이 오직 경전의 표면을 이루는 내용이라고 생각하는 것은 잘못이다. 격물치지론은 치지라는 다른 한 가지 방향의 운동을 통해서 이 점을 분명하게 지적하고 있다. 격물치지론 속에 들어 있는 치지는 다름 아닌 경전에서 마음으로 향하는 운동을 가리키며, 당사자는 그 운동을 통해서 경전 속에 들어 있는 리를 획득하게 된다.

얼른 생각하면, 격물치지론이 보여 주는 이러한 두 가지 방향의 운동은 따로 떨어져서 별도로 일어나는 것으로 여겨질 가능성이 있다. 그러나 격물치지론 내에서 그러한 생각은 용납되지 않는다. 격물과 치지는 궁리라는 한 가지 활동의 두 가지 측면일 뿐이다. 이 점에서 그것은 실지로 방향을 분간할 수 없는 형태로 동시에 일어난다고 말해야 정확하다. 그리하여 격물치지론은 당사자가 마음과 경전의 순환 과정에서 경전의 표면을 이루는 내용을 파악하는 매 순간 그것의 이면에 위치하는 리를 획득하는 이상적인 과정을 설명하는 이론으로 된다.

격물치지론이 지향하는 그러한 이상적인 경지는 보다 일반적으로 '자득'이라는 용어로 지칭되고 있다. 유학의 용어로서 자득은 리가 보여 주는 바와 같이 우리가 접할 수 있는 모든 대상을 아무런 구분이 없는 형태로 한꺼번에 압축하고 있는 그런 경지를 가리킨다. 우리의 삶과 관련하여 말하면, 그 경지 속에는 우리가 삶의 매 순간 따르게 되는 일체의 기준이 빠짐없이 포함되어 있다. "애쓰지 않고도 사리에 들어맞으며 머리를 짜내지 않고도 이해한다(不勉而中 不思而得, "中庸" 20章)."라는 "중용"의 구절이 자득의 경지를 기술하는 것으로 생각되는 이유는 바로 여기서 찾을 수 있다. 그러므로 누군가 교과 공부에 끊임없이 참여한 결과로 자득의 경지에 이르게 된다면, 그의 생각과 말과 행동은 자신의 마음을 아무런 주저 없이 '자연스럽게' 표현하는 것임에도 불구하고 언제나 사리에 맞는 것으로 된다. 도가의 용어로 '자연'은 그러한 이상적인 경지에 도달한 사람의 마음을 표현의 맥락에서 기술하는 개념이라고 말할 수 있다. 유학에서 자득과 자연이라는 개념이 짝으로 사용되는 것은 바로 이 때문이다.

자득이 나타내는 이러한 이상적인 경지는 비단 유학의 교과인 경전의 경우에만 적용되는 것은 아니다. 그러한 이상적인 경지는 교과로 지칭되는 대상을 배우는 과정에 의하여 강제성을 띤다. 이 점에서 그것은 교과교육이라고 부를 수 있는 모든 활동이 공통적으로 지향하는 이상적인 경지라고 말하는 것이 타당하다. 듀이가 내세우는 실재의 획득이나 자아의 실현은 자득이 가리키는 그러한 이상적인 경지를 상이한 용어로 기술한 것에 지나지 않는다.

사실상 오늘날의 교과교육이 지향하는 이해라는 경지 또한 예외일 수 없다. 교육학의 기본 술어로 사용되고 있는 이해라는 용어는 그것이 지니는 일상적인 의미로 말미암아 본래의 깊은 의미가 퇴색된 채로 사용되고 있다. 그러나 그 말은 그것을 교과교육의 목적으로 도입한 사람이 의도했든 하지 않았든지 간에 의미상 자득이 나타내는 이상적인 경지를 가리킨다고 말하는 것이 옳다. 즉, 이해라는 말 그 자체는 '리를 파악한다.'는 뜻으로 해석되며, 이 해석은 그 자체로 자득에 대한 규정으로 그다지 틀리지 않는다. 이해에 상응하는 영어 단어인 understand 역시 마찬가지다. understand는 어원상 '언어적 기술 속에 들어 있는'(under), '깊은 의미를 드러낸다.'(stand)는 뜻으로 풀이된다. 단지 understand라는 단어가 공간적인 비유로 자득의 경지를 지적하는 것이라면, 이해라는 말은 자득을 직접적으로 지시하고 있다는 것이 차이라면 차이라고 말할 수 있을 뿐이다.

교과교육의 폐단을 지적하는 데에 활용되는 단편적 지식의 획득이라는 용어는 그러한 이해의 경지에 도달하지 못한 상태를 부정적으로 규정하는 개념 이외에 다른 것일 수 없다. 이러한 사실은 "예기"의 학기편에 등장하는 '점필'(佔畢)이라는 용어를 통해서 어렵지 않게 확인할 수 있다. 경전 공부는 그것의 표면을 이루는 언설을 배우는 과정에서 언설의 원천인 리를 획득하는 것을 이상으로 한다. 물론 경전 공부의 이상이 이와 같이 규정된다고 해서 언설을 배우는 일이 반드시 리를 획득하는 데에로 나아가게 된다는 뜻은 아니다. 언설을 배우는 일이 리의 획득으로 나아가지 못하고 단순히 언설을 기억하는 데에 머무르는 상태를 가리키는 '점필'이라는 용어가 "예기"에 등장한다는 사실은 경전 공부 속에 그러한 불행한 사태가 도사리고 있다는 점을 단적으로 보여 준다. 만일 단편적 지식이라는 것이 있다면, 그것은 일상생활과 관련을 맺지 못하는 교과를 가리킨다기보다는 교과교육이 형식의 획득으로 나아가지 못하고 내용의 획득에 머무르는 불행한 사태를 가리킨다고 말할 수 있다. 자득이라는 개념은 그러한 불행한 사태를 가리키는 점필이라는 개념과의 대비에 의하여 교과교육이 실패하는 사태가 어떤 것인가 하는 것과 더불어, 그것이 지향하는 궁극적인 경지로서의 이해라는 것이 어떻게 규정되어야 하는지를 여실하게 보여 주고 있다. 성리학의 격물치지론과 듀이의 교과교육이론은 교육인식론적 관점을 나름의 측면에서 구현함으로써 이해의 그러한 궁극적 의미를 드러내려는 숭고한 노력의 산물이라고 말할 수 있다.

본 연구에는 교육인식론적 관점에서 의하여 파악되는 이해의 궁극적 의미를 지적하기 위하여 해득이라는 개념을 사용하고 있다. 여기에는 이해가 가지는 일상적인 의미를 극복하고자 하는 의도가 포함되어 있다. 엄격히 말하면, 해득은 그것이 가리키는 실체에 있어서 이해와 다르지 않다. 그러나 이해라는 용어는 그것의 일상적인 의미로 말미암아 교육인식론적 관점에서 파악되는 교과교육의 궁극적 의미가 온전하게 드러나지 않는다. 즉, 이해라는 용어는 블룸과 그의 동료 학자들이 고안한 분류학에 나타나 있는 바와 같이, 정의적 능력과 무관한 지적 영역에 한정되어 사용되고 있을 뿐만 아니라, 지적 능력 중에서도 다소 낮은 수준의 능력을 지적하는 데에 사용되는 경향이 없지 않다. 이해라는 용어는 이 점에서 교과교육의 궁극적 의미가 지니는 포괄성이나 종합성을 온전하게 전달하는 데에 난점을 드러낸다. 해득이라는 개념은 이해라는 용어가 드러내는 이러한 부족함을 극복하기 위하여 불가피하게 도입된 것이다.

교과교육이 지향하는 이러한 이상적인 경지로서의 해득이 정확하게 어떤 것인가는 교육인식론적 관점 속에 이미 들어 있다. 교육인식론적 관점에 의하면, 학습자의 마음과 교과의 상호작용은 듀이의 교변작용이나 격물치지론의 순환 과정이 예시하는 바와 같이, 이들 양자의 구분을 비롯하여 그것에 원천을 두고 있는 일체의 구분을 벗어난 모종의 실체를 공통분모로 하여 이루어진다. 그리고 학습자의 마음과 교과의 상호작용은 그것이 기반을 두고 있는 바로 그 공통분모를 향하여 나아가게 된다. 해득은 학습자의 마음과 교과가 기반을 두고 있는 바로 공통분모를 그것에 기반을 두고 일어나는 상호작용의 지향점에 초점을 두고 규정하는 개념이다. 그리하여 교육인식론적 관점에 의하여 드러나는 해득이라는 개념은 일체의 구분을 벗어난 것일 수밖에 없다.

해득은 일체의 구분을 벗어나 있다는 바로 그 점에서 우리가 늘상 드러내는 생각과 말과 행동 등 인간이 품을 수 있는 모든 것을 포괄한다. 학교에서 가르치고 배우는 모든 교과 또한 거기에서 벗어나 있을 수 없다. 즉, 해득은 우리가 가르치고 배우는 교과의 원천에 해당하며, 우리에게 주어져 있는 교과를 바로 그 해득의 경지 또는 상태가 문자를 빌어 외부적으로 표현된 것이라고 말할 수 있다. 차라리 해득은 교과교육이 지향해야 할 이상적인 경지를 가리키며, 교과는 학습자로 하여금 그 경지로 이끌기 위하여 특별히 고안된 제도적 장치라고 말하는 편이 옳다. 그리하여 해득은 교과교육이 지향해야 할 이상적인 경지가 인간이 품을 수 있는 모든 것을 무형태로 압축하고 있는 경지라는 점을 보여 주는 개념이라고 말할 수 있다.

만일 누군가 해득으로 지칭되는 이 경지에 오른다면, 그의 마음이 모든 것의 원천이라는 바로 그 점에서 그의 생각과 말과 행동은 언제나 사리에 맞게 된다. 즉, 그의 생각과 말과 행동은 애쓰지 않아도 언제나 기준에 합당한 것으로 된다. '내 마음이 시키는 대로 해도 도리에서 벗어나지 않았다.'(從心所慾不踰矩)는 공자의 말은, 그가 실지로 그 경지에 이르렀다는 점을 자랑하기 위하여 만들어 낸 말이라기보다는, 교과교육이 바로 그 경지를 지향한다는 점을 지적하기 위하여 후학들이 만들어 낸 말이라고 볼 수 있다. 만일 존재가 변하는 상태가 있다면, 그러한 상태 이외에 따로 무엇이 있을 수 있겠는가!

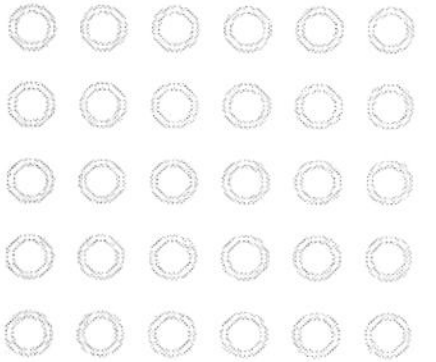

1. 듀이의 논문 및 저서

Dewey, J.(1896). Interest in Relation to Training of the Will. J. A. Boydston.(1013). *John Dewey: The Early Works*. Vol.5. South Illinois University.(IW)

Dewey, J.(1900). *The School and Society*. The University of Chicago. (SS)

Dewey, J.(1902). *The Child and the Curriculum*. The University of Chicago. (CC)

Dewey, J.(1910). Creative Intelligence. J. Dewey et als.(ed.). *Creative Intelligence: Essays in the Pragmatic Attitude*. Henry Holt and Co. (CI)

Dewey, J.(1913). *Interest and Effort in Education*. Hought on Mifflin. (IE)

Dewey, J.(1916). *Democracy and Education*. Macmillan. 이홍우(역)(1987). 민주주의와 교육. 교육과학사. (DE)

Dewey, J.(1920). *Reconstruction in Philosophy*. Henry Holt and Company. (RP)

Dewey, J.(1922). *Human Nature and Conduct*. The Modern Library. (HN)

Dewey, J.(1928). *The Question for Certainty*. Capricorn Books. (QC)

Dewey, J.(1929). *Experience and Nature*. Dover Publication Inc. (EN)

Dewey, J.(1930). From Absolutism and to Experimentalism. J. J. McDermott(ed.)(1973). *The Philosophy of John Dewey*. University of Chicago Press. (FA)

Dewey, J.(1931). *Philosophy and Civilization*. Capricorn Books. (PC)

Dewey, J.(1933). *How We Think*. D. C. Heath and Co. (HWT)

Dewey, J.(1934). *A Common Faith*. Yale University Press. (CF)

Dewey, J.(1934). *Art as Experience*. Capricorn Books. (AE)

Dewey, J.(1938). *Experience and Education*. Capricorn Books. 박철홍(역)(2002). 경험과 교육. 문음사. (EE)

Dewey, J.(1938). *Logic: The Theory of Inquiry*. Henry Holt and Co. (LTI)

Dewey, J.(1939). Experience, Knowledge and Value: A Rejoinder. P. A. Schilpp(ed.). *The Philosophy of John Dewey*. Northwestern University. (EKV)

Dewey, J.(1940). Time and Individuality. J. A. Boydston.(ed.)(1984). *John Dewey: The Later Works*. Vol.4. Southern Illinois University Press. (TI)

Dewey, J.(1960). An Empirical Survey of Empiricism. R. J. Bernstein(ed.). *John Dewey on Experience, Nature and Freedom*. The Liberal Art Press. (SM)

Dewey, J.(1988). *John Dewey: The Later Works*. Vol.1. Southern Illinois University Press. (LW1)

2. 듀이 철학 관련 문헌

김규욱(2001). 듀이 교육이론에 대한 교육본위론적 재해석. 서울대학교 대학원 박사학위논문.

김무길(2001). 듀이의 교육적 경험론에 내재된 Transaction의 의미. 교육철학 제25집. 교육철학회.

김수천(1989). John Dewey의 교과관 연구. 서울대학교 대학원 박사학위논문.

김정국(1998). 헤르바르트와 듀이의 홍미론 비교 분석. 한국교원대학교 대학원 석사학위논문.

박철홍(1993). 존 듀이 성장 개념의 재해석: 듀이의 존재론에 비추어 본 잠재 가능성의 의미. 교육철학 제11집. 한국교육학회 교육철학연구회.

박철홍(1994a). 경험 개념의 재이해: 듀이 연구에 대한 반성과 교육학적 과제. 강영혜 외(공저). 현대 사회와 교육의 이해. 교육과학사.

박철홍(1994b). 성장의 방향은 없는가?: 삶의 특질과 성장 방향의 불확정성. 교육철학 제12-1호. 한국교육학회 교육철학연구회.

박철홍(1994c). 知와 德은 하나인가?: 듀이의 종교적 경험에 비추어 본 학습의 성격과 지덕의 관계. 도덕교육연구 제6집. 한국교육학회 도덕교육연구회.

박철홍(1995). 듀이의 '하나의 경험'에 비추어 본 교육적 경험의 성격: 수단으로서의 지식과 내재적 가치의 의미. 교육철학 제13집. 한국교육철학회.

박철홍(1998). 교육과 삶의 내적 관련에 비추어 본 교육의 내재적 가치: 경험중심 교육과정에서의 내재적 가치. 교육철학 제19집. 한국교육학회 교육철학연구회.

박철홍(1999). 질성적 사고의 성격에 비추어 본 지식의 총체성: 지식의 형식과 선험적 정당화에 대한 비판적 고찰. 교육철학 제22집. 한국교육학회 교육철학연구회.

박철홍 · 편경희(2002). 교육적 경험의 원리로서 계속성의 의미: 종교적 경험 양태의 작용방식을 중심으로. 교육철학 제28집. 교육철학회.

양은주(1999). 듀이의 자연주의적 형이상학에 근거한 교육적 경험의 원리. 교육철학 제22집. 한국교육학회 교육철학연구회.

이돈희(1993). 교육적 경험의 이해. 교육과학사.

이홍우(1982). 존 듀이와 그 이후 교육철학. 사대논총 제25집. 서울대학교 사범대학.

정건영(1988). John Dewey의 교육적 경험의 원리에 대한 연구. 성균관대학교 대학원 박사학위논문.

정덕희(1993). 듀이 교육철학에 관한 해석학적 이해. 성균관대학교 대학원 박사학위논문.
차미란(1987). 듀이의 경험이론에 나타난 경험과 교과의 관계. 서울대학교 대학원 석사학위논문.
한명희(1982). 듀우이의 미학이론과 교육이론. 한국교육학회 외(편). 존 듀우이와 프라그마티즘. 삼일당.

Alexander, R. M.(1987). *John Dewey's Theory of Art, Experience, and Nature: The Horizon of Feeling*. State University of New York.
Axtelle, G. E.(1964). John Dewey and Genius of American Civilization. D. E. Lawson & A. E. Lean(ed.). *John Dewey and the World View*. Southern Illinois University Press.
Beardsley, M. C.(1966). *Aesthetics from Classical Greece to the Present: A Short History*. The University of Alabama Press. 이성훈 · 안원현(공역)(1987). 이론과 실천. 미학사.
Beardsley, M. C.(1972). Aesthetic Theory and Educational Theory. *Aesthetic Concepts and Education*. University of Illinois Press.
Bruner, J. S.(1969). After John Dewey, What?. in his *On Knowing*. Harvard University Press.
Dewey, R. E.(1977). *The Philosophy of John Dewey: A Critical Exposition of His Method, Metaphysics, and the Theory of Knowledge*. Martinus Nijhoff.
Gaus, C. E.(1961). Some Reflections on John Dewey's Aesthetics. *Journal of Aesthetics and Art Criticism*. Vol.19.
Geiger, G. R.(1958). *John Dewey in Perspective*. Oxford University Press.
Gotshalk, D. W.(1963). On Dewey's Aesthetics. *Journal of Aesthetics and Art Criticism*. Vol.23.
Gouinlock, J.(1972). *John Dewey's Philosophy of Value*. Humanity Press.
Phenix, P.(1966). John Dewey's War on Dualism. R. D. Archambault(ed.).

Dewey on Education. Random House.

Smith, C. M.(1971). The Aesthetics of John Dewey and Aesthetic Education. *Aesthetics and Problems of Education*. University of Illinois Press.

Troutner, L. F.(1974). John Dewey and the Existential Phenomenologist. D. E. Denton (ed.). *Existentialism and Phenomenology in Education*. Columbia Universtiy Teachers College Press.

White, M.(1972). *Science and Sentiment in America*. Oxford University Press.

3. 교육학 관련 문헌

論語

孟子

大學

禮記

傳習錄

周易

中庸

程顥 · 程. 二程集

朱熹. 朱子語類

朱熹. 朱熹集

馬鳴. 大乘起信論. 이홍우(역 · 주)(1991). 대승기신론. 경서원.

김승호(1994). 자유교육의 이념과 현대사회. 교육이론 제7 · 8권 제1호. 서울대학교 사범대학 교육학과.

박은주(1999). 격물치지론의 도덕교육적 함의. 이홍우 · 유한구(편)(2000). 교육의 동양적 전통 Ⅰ: 교육과 실재. 성경재.

박재문(1998). 지식의 구조와 구조주의. 교육과학사.

박채형(2002). 교과의 내면화 이론: 주역의 교육학적 해석. 서울대학교 대학원 박사학위논문.

유한구(1998). 교육인식론 서설. 교육과학사.

이홍우(1992). 증보 교육과정 탐구. 박영사.

이홍우(1994). 교육의 목적은 표류하는가. 이성진 편. 한국교육학의 맥. 나남출판.

이홍우(1996a). 증보 지식의 구조와 교과. 교육과학사.

이홍우(1996b). 전인교육론. 이홍우 · 박재문(편). 교육의 동양적 전통 II: 교육의 실제. 성경재.

이홍우(1997). 교육내용으로서의 지식. 김종서 외. 교육과정과 교육평가. 교육과학사.

이홍우(1998). 논리적인 것과 사실적인 것, 이론적인 것과 실제적인 것. 교육의 목적과 난점. 교육과학사.

이홍우(2000a). 성리학의 교육이론. 성경재.

이홍우(2000b). 마음의 신비와 교육의 신비. 이홍우 · 이환기 · 김광민(편). 마음과 교과: 열린교육의 이론적 쟁점. 성경재.

이홍우(2000c). 예술과 교육. 도덕교육연구 제12권 2호. 한국도덕교육학회.

이홍우(2000d). 교과의 내면화. 아시아교육연구 제1권 제1호. 아시아태평양교육발전연구단.

장성모(1998). 교과의 내용과 형식. 교육학 대백과사전. 하우동설.

정범모(1976). 교육과 교육학. 박영사.

Plato. *Menon*.

Bloom, B. S. *et als.*(1956). *Taxonomy of Educational Objectives: [I] Cognitive Domain*. 임의도 외(공역)(1966). 교육목표분류학: I. 지적 영역. 배영사.

Buber, M.(1983). *Ich und Du*. Wissenschaftliche Buchgesellschaft.

Cheng Chung-Ying(1986). Chu Hsi's Methodology and Theory of Understanding. Chan Win-Tsit(ed.). *Chu Hsi and Neo-Confucianism*. The University of Hawaii Press.

Collingwood, R. G.(1938). *The Principles of Art*. Oxford University Press.

Cremin, L. A.(1965). *The Genius of American Education*. Random House.

de Bary, Wm. Theodore(1983). *The Liberal Tradition in China*. Columbia Univ. Press.

Hook, Sidney(1971). John Dewey and His Betrayers. *Change*(Nov.).

Hamlyn, E. W.(1978). *Experience and the Growth of Understanding*. RKP. 이홍우 외(역)(1990). 경험과 이해의 성장. 교육과학사.

Martain, J.(1943). *Education at the Crossroads*. Yale University Press.

Oakeshott, M.(1933). *Experience and its Modes*. Cambridge University Press.

Oakeshott, M.(1965). Learning and Teaching. T. Fuller(ed.)(1989). *The Voice of Liberal Learning*. Yale University Press.

Oakeshott, M.(1972). Education: The Engagement and Its Frustration. T. Fuller(ed.) (1989). *The Voice of Liberal Learning*. Yale University Press.

Oakeshott, M.(1975). The Place of Learning. T. Fuller(ed.) (1989). *The Voice of Liberal Learning*. Yale University Press.

Polanyi, M.(1958). *Personal Knowledge: Towards a Post-Critical Philosophy*. RKP.

Scheffler, I.(1965). *Conditions of Knowledge*. Scott, Foresman and Co.

Schiller, J. C. F.(1795). *Über die Ästhetische Erziehung des Menschen in einer Reihe von Briefen*. E. M. Wilkinson & L. A. Willoughby(trans.)(1967). *On the Aesthetic Education of Man in a Series of Letters*. Oxford University Press.

Sellmann, J. D.(1987). Three Models of Self-integration(Tzu-Tu) in Early China. *Philosophy East and West*, Vol.37. No.4. The University of Hawaii Press.

Wynne, J. P.(1963). *Theories of Education*. Harper and Row.

Yü Ying-Shih(1986). Morality and Knowledge in Chu Hsi' s Philosophical System. Chan Wing-Tsit(ed.). *Chu Hsi and Neo-Confucianism*. University of Hawaii Press.

찾아보기

인명

내용

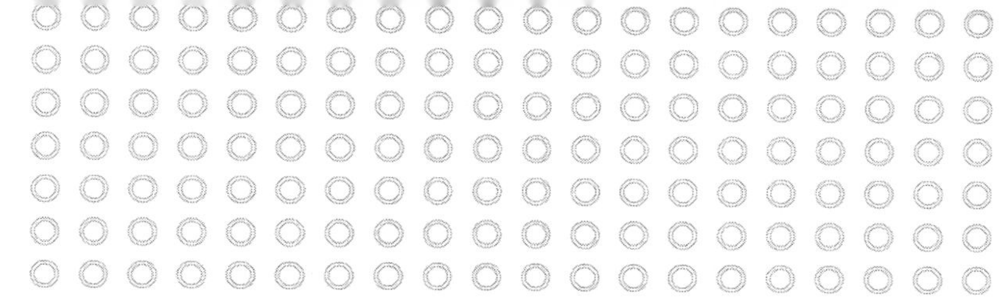

저자 소개

박천환

서울대학교 교육학과 학사
서울대학교 대학원 교육학과 석사
영남대학교 대학원 교육학과 박사
현 부산교육대학교 교수

〈저서〉

『교육과정』(공저, 교육과학사, 2010)

〈역서〉

『교육심리학의 통계적 방법』(원미사, 2000)

듀이의 경험이론과 교육인식론

2012년 3월 5일 1판 1쇄 인쇄
2012년 3월 10일 1판 1쇄 발행

지은이 • 박천환
펴낸이 • 김진환
펴낸곳 • (주) 학지사
121-837 서울특별시 마포구 서교동 352-29 마인드월드빌딩 5층
대표전화 • 02)330-5114 팩스 • 02)324-2345
등록번호 • 제313-2006-000265호

홈페이지 • http://www.hakjisa.co.kr
커뮤니티 • http://cafe.naver.com/hakjisa

ISBN 978-89-6330-837-1 93370

정가 13,000원